广东涉外知识产权年度报告（2018）

常廷彬　赵盛和　曾凤辰　王太平／编著

知识产权出版社
全国百佳图书出版单位
—北京—

图书在版编目（CIP）数据

广东涉外知识产权年度报告.2018/常廷彬等编著. —北京：知识产权出版社，2019.12
ISBN 978-7-5130-6676-1

Ⅰ.①广… Ⅱ.①常… Ⅲ.①涉外经济—知识产权—工作—研究报告—广东—2018 Ⅳ.①D927.650.34

中国版本图书馆 CIP 数据核字（2019）第 280366 号

内容提要

本书立足广东省涉外知识产权的司法和行政保护以及省内企业在海外布局等情况，从整体上研究我国知识产权的状况，为进一步完善我国的知识产权法律制度，提高行政机构的知识产权管理和服务能力，提升知识产权的司法和行政保护水平，增强企业在国内和国外两个市场进行知识产权创造、应用和防范、应对知识产权风险的能力，提供智力支持。

责任编辑：王玉茂　可　为　　　　　**责任校对：**谷　洋
封面设计：博华创意　　　　　　　　**责任印制：**刘译文

广东涉外知识产权年度报告（2018）

常廷彬　赵盛和　曾凤辰　王太平　编著

出版发行：知识产权出版社 有限责任公司	网　　址：http://www.ipph.cn
社　　址：北京市海淀区气象路50号院	邮　　编：100081
责编电话：010-82000860 转 8541	责编邮箱：wangyumao@cnipr.com
发行电话：010-82000860 转 8101/8102	发行传真：010-82000893/82005070/82000270
印　　刷：北京九州迅驰传媒文化有限公司	经　　销：各大网上书店、新华书店及相关专业书店
开　　本：720mm×1000mm　1/16	印　　张：10.75
版　　次：2019年12月第1版	印　　次：2019年12月第1次印刷
字　　数：165千字	定　　价：50.00元

ISBN 978-7-5130-6676-1

出版权专有　侵权必究
如有印装质量问题，本社负责调换。

华南国际知识产权研究文丛
总　序

党的十九大报告明确指出："创新是引领发展的第一动力，是建设现代化经济体系的战略支撑。"知识产权制度通过合理确定人们对于知识及其他信息的权利，调整人们在创造、运用知识和信息过程中产生的利益关系，激励创新，推动经济发展和社会进步。随着知识经济和经济全球化深入发展，知识产权日益成为推动世界各国发展的战略性资源，成为增强各国国际竞争力的核心要素，成为建设创新型国家的重要支撑和掌握发展主动权的关键。

广东外语外贸大学作为一所具有鲜明国际化特色的广东省属重点大学，是华南地区国际化人才培养和外国语言文化、对外经济贸易、国际战略研究的重要基地。为了更好地服务于创新驱动发展战略和"一带一路"倡议的实施和科技创新强省的建设，广东外语外贸大学和广东省知识产权局于2017年3月共同成立了省级科研机构——华南国际知识产权研究院。研究院本着"国际视野、服务实践"的理念，整合运用广东外语外贸大学在法学、经贸、外语等领域中的人才和资源，以全方位视角致力于涉外及涉港澳台知识产权领域重大理论和实践问题的综合研究，力争建设成为一个国际化、专业化和高水平的知识产权研究基地和国际知识产权智库。

为了增强研究能力，更好地服务于营造法治化、国际化营商环境和粤港澳大湾区的建设，我们决定组织编写"华南国际知识产权文丛"。该文丛以广东省以及粤港澳大湾区这一特定区域内的知识产权情况为研究对象，对区域内具有涉外以及涉港澳台因素的知识产权创造、保护和运营等情况进行深入研究，为提升广东、粤港澳大湾区乃至全国知识产权创造、保护和运用水平，促进社会经济文化的创新发展，提供智力支持。

该文丛是内容相对集中的开放式书库，包括但不限于以下三个系列：

1.《广东涉外知识产权年度报告》系列丛书。其以广东省涉外知识产权的司法和行政保护以及广东省企业在国外进行知识产权创造和运用等情况作为研究对象，立足广东，从国内和国际两个市场，整体上研究我国知识产权的创造、保护和运用情况，为进一步完善我国的知识产权法律制度，提高行政机构的知识产权管理和服务能力，提升知识产权的司法和行政保护水平，增强企业在国内和国外两个市场进行知识产权创造、应用和防范，应对知识产权风险的能力，进而为推动我国"一带一路"倡议、"走出去"等政策的实施，提供智力支持。

2.《粤港澳大湾区知识产权研究报告》系列丛书。其以粤港澳大湾区内的香港、澳门、广州、深圳等11个城市的知识产权情况为研究对象，全面和深入研究各地的知识产权制度以及知识产权创造、保护和运用等情况，力求推动湾区内部的知识产权交流与合作，增强、提升大湾区知识产权创造、保护和运用的能力和水平。

3.《广东涉外知识产权诉讼典型案例解析》系列丛书。其以研究院每年评选出的"广东十大涉外知识产权诉讼典型案例"为研究对象，深入解读典型案例所确立的裁判规则，分析涉外知识产权司法保护中的经验和不足，以推动我国知识产权司法保护工作的发展，增强我国企业、个人防范和应对知识产权诉讼的能力。

我们期望并且相信，经过各方的共同努力，该文丛必将成为知识产权研究的特色、精品佳作，为知识产权创造、运用、保护、管理提供高质量的智力指导。

是为序。

石佑启

2019 年 7 月 10 日

前 言

知识产权作为一种垄断性的权利,其以地域性为重要特征,同时可能具有一定的涉外因素,在经济全球化竞争中发挥着重要作用。国外的企业可以依法在我国获取相应的知识产权,获得我国法律的保护,从而在国内市场的竞争中谋得机会和优势。国内企业在"走出去"参与国际竞争时,一方面会面临基于各国知识产权制度不同而带来的政策和法律风险;另一方面也可以通过在国外依法取得相应的知识产权,在国外市场的竞争中掘取更多的机会和更大的优势。因此,从某种意义上来说,涉外知识产权情况可以作为评估一个国家知识产权创造、保护和运用水平的"试金石",对于研究我国涉外知识产权的整体情况,了解和掌握我国企业的知识产权创造和应用能力,评估判断我国知识产权司法和行政保护的水平,推动我国"一带一路"倡议、企业"走出去"等政策的实施,具有重要的理论和现实意义。

华南国际知识产权研究院成立伊始,将《广东涉外知识产权年度报告》的撰写作为重点工作之一,深入开展相应的调查研究工作,并形成一个开放性的系列研究报告。2018年年度报告是在2017年年度报告基础上撰写而成,其主要包括三部分:

一是广东涉外知识产权司法保护情况。2018年,广东全省法院共审结涉外涉港澳台知识产权民事案件2477件,涉及美国、英国、法国、德国、韩国、日本、意大利、新加坡等国家以及我国港澳台地区。广东法院运用证据规则,依法平等保护了国内外知识产权人的合法权益。

二是广东涉外知识产权行政执法情况。"建立知识产权快速维权机制"被列入第一批基层改革创新经验复制推广清单。"专利快速审查、维权、确权一站式服务""建立大型展会快速维权工作机制"进入国家知识产权局"第一批知识产权强省建设试点经验与典型案例"。

三是广东海外专利布局报告。该报告介绍了广东企业在海外的专利申请和分布情况，通过这一报告，可以掌握我国企业在知识产权创造和运用方面的成绩和不足。

CONTENTS 目录

第一章　2018年广东涉外知识产权司法保护情况／1

一、引　言／1

二、2018年广东涉外知识产权司法审判的基本情况／1

（一）广东法院知识产权案件收结整体情况／1

（二）广东法院涉外及涉港澳台知识产权民事案件审判情况／4

（三）涉外知识产权案件所涉国家、地区和企业情况／6

（四）涉外知识产权纠纷案件行业、产品和地区分布情况／7

三、2018年广东涉外知识产权司法保护的特色和亮点／8

（一）坚持有错必纠，积极维护当事人的合法权益／8

（二）坚持平等保护的原则，依法平等保护中外权利人的合法权益／11

（三）充分运用证据规则，探求知识产权"赔偿难"问题的破解之道／13

（四）积极开展矛盾化解工作，努力促进当事人从对抗走向合作／14

四、2018年广东涉外知识产权典型案例及裁判规则／15

（一）涉外专利权纠纷典型案例及裁判规则／15

（二）涉外商标权及反不正当竞争纠纷典型案例及裁判规则／27

（三）涉外著作权纠纷典型案例及裁判规则／38

（四）涉外知识产权程序问题典型案例及裁判规则／43

五、启示和建议／51
  （一）增强自主创新精神和创新能力，重视知识产权研发，杜绝抄袭假冒／51
  （二）增强法律意识，建立健全企业知识产权风险管理体系，避免侵犯他人知识产权／52
  （三）规范经营行为，用诚信铸造品牌，拒绝虚假宣传／56
  （四）积极准备诉讼，注重以调解、和解的方式化解纠纷，切忌消极不作为／58
  （五）贯彻诚实信用原则，积极落实己方承诺，不得言而无信／60

第二章　2018年广东涉外知识产权行政执法情况／62
  一、引　言／62
  二、广东涉外知识产权行政执法制度／62
    （一）著作权行政执法／63
    （二）工业产权行政执法／66
    （三）植物品种权行政执法／71
    （四）展会知识产权保护／72
    （五）综合性知识产权行政执法／75
  三、广东涉外知识产权行政保护制度的实效／77
    （一）2018年广东涉外知识产权行政执法数据统计／77
    （二）2018年广东涉外知识产权行政执法的典型案例／79
  四、广东涉外知识产权行政执法的完善建议／83
    （一）海关知识产权行政执法的改进建议／83
    （二）完善快速维权机制，提高维权效率／86
    （三）推动知识产权行政执法与司法保护的有效衔接／87
    （四）通过知识产权行政执法案例指导制度提升执法人员的执法能力／91

第三章　2018年广东海外专利布局报告／94
  一、引　言／94
    （一）报告背景／94

（二）数据样本介绍／95
　　（三）说　　明／96

二、2018年广东海外专利布局情况／97
　　（一）海外专利年申请趋势分析／98
　　（二）海外专利申请类型分析／99
　　（三）海外专利申请地域分析／100
　　（四）海外专利技术领域分析／104
　　（五）代理机构委托情形分析／108
　　（六）海外专利简单同族分析／109
　　（七）海外专利权利要求数分析／110
　　（八）与全国海外专利申请情况对比／111

三、2018年广东海外专利布局重点行业分析／117
　　（一）行业总体态势分析／117
　　（二）重点行业分析／120

四、结　　语／160

第一章 2018年广东涉外知识产权司法保护情况

一、引　　言

司法保护在我国知识产权保护体系中居于主导地位。2018年，广东法院全面实施"司法主导、严格保护、分类施策、比例协调"的知识产权司法保护政策，按照实行最严格的知识产权保护制度的要求，不断加大知识产权司法保护力度，充分发挥知识产权激励和保护创新、促进科技进步和社会发展的职能作用，积极营造国际一流的创新法治环境，为加快建设粤港澳大湾区国际科技创新中心和科技创新强省提供了有力的司法保障。

二、2018年广东涉外知识产权司法审判的基本情况

（一）广东法院知识产权案件收结整体情况

1. 各类知识产权案件收结情况

如图1-1所示，2018年，广东全省法院共新收各类知识产权案件101809件，占全国新收案件总量的30.40%；审结100012件，占全国审结案件总量的31.29%。其中，如表1-1所示，新收一审案件84104件，新收二审案件17447件，新收申请再审案件242件，新收审判监督案件16件。

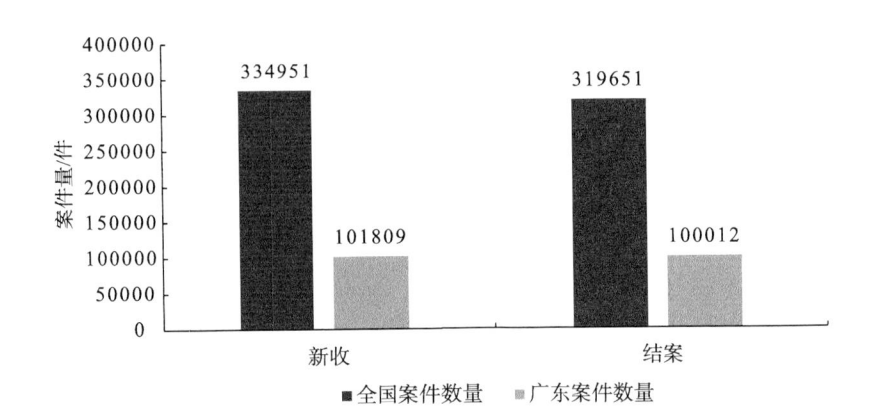

图 1-1 2018 年广东全省法院收结案件数量

表 1-1 2018 年广东全省法院新收各类知识产权案件审次分布

审级	新收案件数量/件	占全省新收案件的比例
一审	84104	82.61%
二审	17447	17.14%
申请再审	242	0.24%
审判监督	16	0.01%
合计	101809	100%

如表 1-2 所示，按案件性质划分，新收知识产权民事、刑事和行政案件分别为 98048 件、3661 件和 100 件，同比分别增长 38.28%、17.57% 和 47.06%，分别占新收案件总量的 96.30%、3.60% 和 0.10%。审结知识产权民事、刑事和行政案件分别为 96512 件、3418 件和 82 件，同比分别增长 40.68%、9.62% 和 28.13%。

表 1-2 2018 年广东全省法院审结各类知识产权案件按性质分布

案件性质	收案数量/件	占比	结案数量/件	占比
民事	98048	96.30%	96512	96.50%
刑事	3661	3.60%	3418	3.42%
行政	100	0.1%	82	0.08%
合计	101809	100%	100012	100%

2. 知识产权民事案件收结情况

2018 年，广东全省新收知识产权民事一审案件 80941 件，占全国案件总量的28.56%。其中，著作权、商标权、专利权、反不正当竞争、技术合同案件分别新收65304件、7473件、5881件、656件和234件（见图1-2）；新收民事二审案件16853件，占全国案件总量的60.96%。其中，著作权、商标权、专利权、反不正当竞争、技术合同案件分别新收12804件、1560件、1824件、294件和74件。

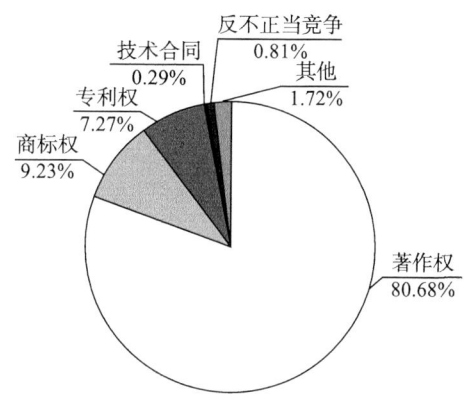

图1-2　2018年广东全省法院新收一审知识产权案件类型分布

如图1-3所示，广东全省全年共审结知识产权民事一审案件80080件，占全国案件总量的29.23%。在审结的一审案件中，有36470件为调撤结案，调撤率为45.54%。广东全省审结知识产权民事二审案件16175件，占全国案件总量的61.48%。在审结的二审案件中，有3012件为调撤结案，调撤率为18.62%。

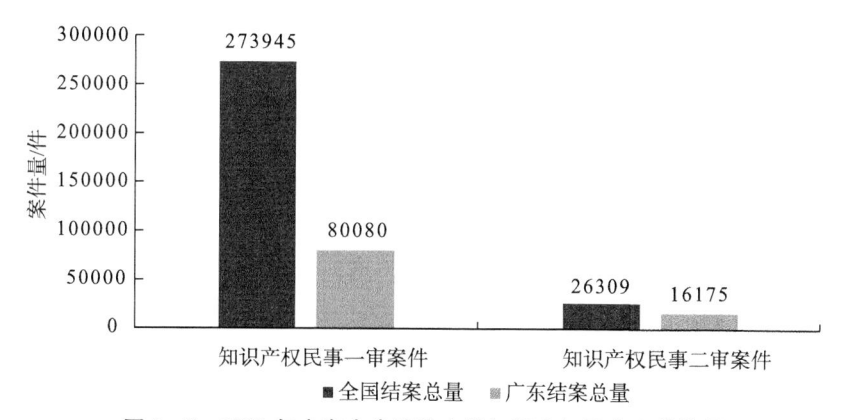

图1-3　2018年广东全省法院审结知识产权民事案件数量

(二) 广东法院涉外及涉港澳台知识产权民事案件审判情况

1. 收结案均增速明显

如图1-4和图1-5所示，2018年，广东全省法院共审结涉外知识产权民事一审案件461件，同比增长12.71%；审结涉港澳台一审案件1514件（涉台案件1301件、涉港案件209件、涉澳案件4件），同比增长56.40%。审结涉外知识产权民事二审案件317件，同比增长40.89%；审结涉港澳台二审案件185件（其中涉台案件122件、涉港案件60件、涉澳案件3件），同比增长17.83%。

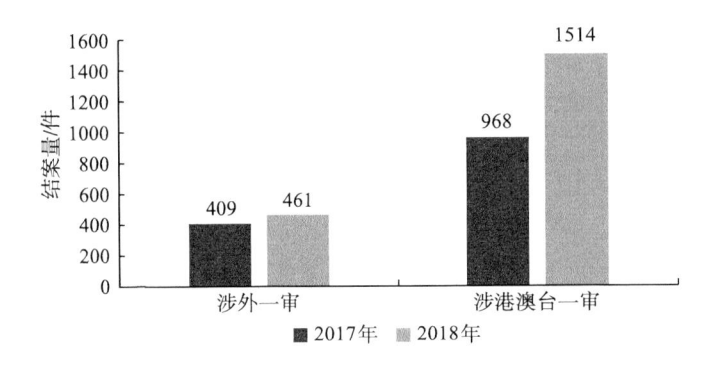

图1-4 2017年、2018年广东全省法院涉外及涉港澳台知识产权一审案件结案情况

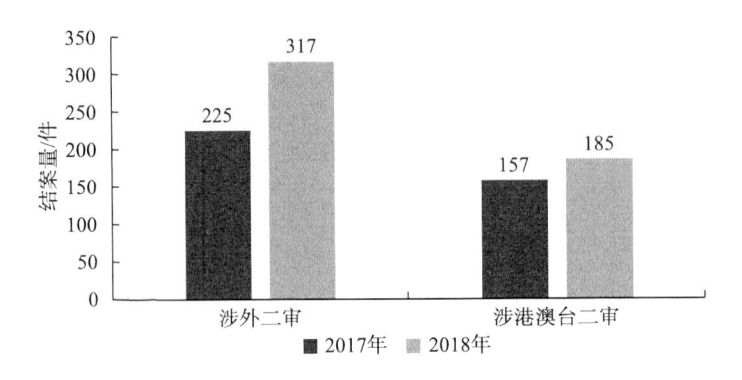

图1-5 2017年、2018年广东全省法院涉外及涉港澳台知识产权二审案件结案情况

如图1-6所示，2018年，深圳法院共受理涉外、涉港澳台知识产权案件714件，其中中级人民法院（以下简称"中院"）受理的一审、二审涉外、涉

港澳台知识产权案件数量分别为276件、169件，占比最高；共审结知识产权涉外、涉港澳台案件441件，同样，中院一审、二审的结案数占比最高，分别为133件、117件。

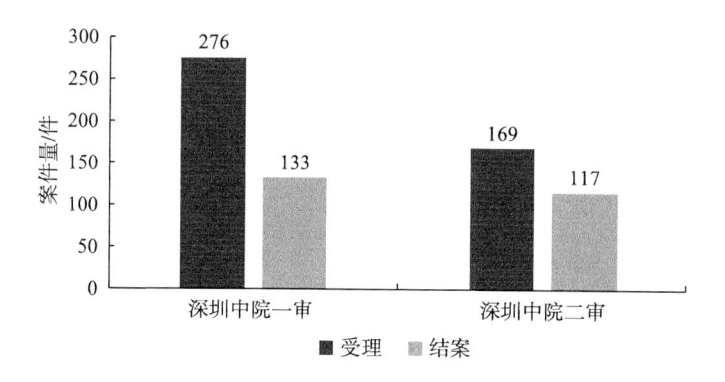

图1-6 2018年深圳中院涉外、涉港澳台知识产权一审、二审案件受理与结案情况

2. 专利纠纷案件所占比例较大

以广州知识产权法院以判决形式审结的涉外民事案件为例，专利权纠纷占全部案件数量的63.63%；商标及不正当竞争纠纷案件占15.90%；著作权纠纷案件占18.18%（见图1-7）。

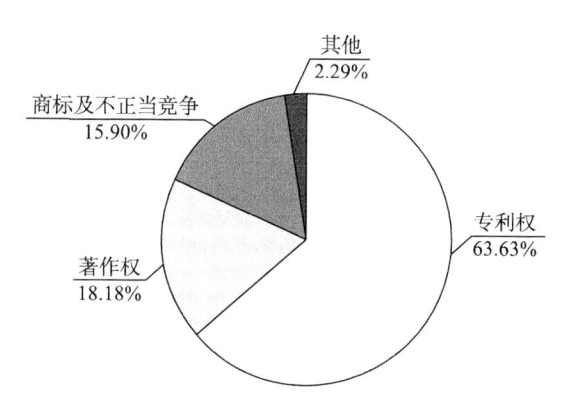

图1-7 2018年广州知识产权法院以判决形式审结的涉外、涉港澳台民事案件类型分布

3. 判决、调撤结案比例比较均衡

以广州知识产权法院为例，该院2018年共审结涉外及涉港澳台民事知识产权案件345件。其中，以判决方式结案占全部结案数的36.80%，以调撤方式结案占全部结案数的35.36%，驳回起诉等其他方式结案占全部结案数的27.84%（见图1-8）。

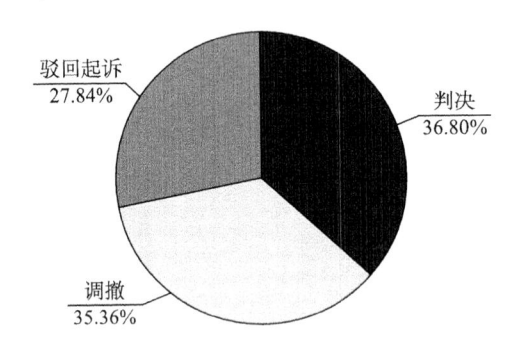

图1-8 2018年广州知识产权法院涉外及涉港澳台知识产权案件结案状态

（三）涉外知识产权案件所涉国家、地区和企业情况

知识产权的发展是促进科技进步与经济发展的核心，知识产权的保护力度与一个国家或地区经济增长水平成正相关。广东涉外知识产权民事案件的审理情况及其经济增长的速度印证了这一结论。从2018年审理的情况来看，广东法院审理涉外知识产权案件来源呈现以下特点：

一是原告主要集中在发达国家和地区。以广东省高级人民法院2018年审结的涉外及涉港澳台民事二审知识产权案件为例，在广东提起的涉外、涉港澳台民事知识产权诉讼中，美国、英国、法国等经济发达国家和我国香港、台湾地区的企业（或个人）的数量最多，排在第一位的我国台湾地区有10家企业（或个人）（见图1-9），在广东法院针对我国企业或者个人提起了20多起知识产权诉讼。而在广州知识产权法院2017年审结的涉外民事一审知识产权案件中，作为原告提起诉讼的法国企业（或个人）数量排第一位。

二是原告多为发达国家和地区的知名企业。其中包括德国的西门子股份公司（Siemens Aktiengesellschaft）、我国香港地区的比肯灯饰国际有限公司（Beacon Lighting International Limited）、法国的路易威登马利蒂（Louis Vuitton Malletier）、日本的株式会社MTG等诸多世界知名公司。

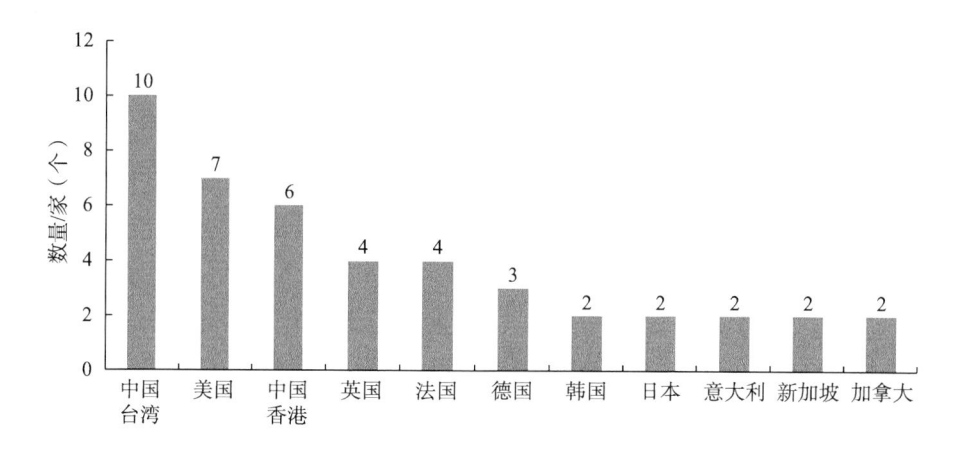

图 1-9　广东省高级人民法院 2018 年审结案件中原告来源地情况

三是一些公司（或个人）的针对性大规模维权诉讼较多。我国香港地区的比肯灯饰国际有限公司和韩国的崔信奎、朴振奎针对我国各地的多家企业或个人分别提起了 30 多起知识产权民事诉讼；除此之外，法国的弓箭控股（ARC HOLDINGS）、日本的山下直伸等也针对我国多家企业或个人提起了多起知识产权民事诉讼。

（四）涉外知识产权纠纷案件行业、产品和地区分布情况

从已经审结的一审、二审涉外知识产权案件来看，广东涉外知识产权诉讼所涉行业、产品和地区呈现以下特点：

一是涉及的行业相对集中。专利权纠纷主要涉及灯饰、家用电器、厨房卫浴、五金电工、玩具、影音娱乐等行业。

二是涉及的多数是国际上的名牌或奢侈品。英国的玛田音响有限公司作为"MARTIN AUDIO"扬声器的外观设计专利权人，其针对侵犯其相应音响产品外观设计专利权的行为提起了多起诉讼。

三是涉及的地域相对集中，而且往往涉及相应地区的特色产业。从被诉侵权人的分布来看，不仅涉及珠三角等经济发达地区，也包括粤东的一些经济欠发达地区。第一，纠纷所涉及的行业与当地经济发展水平有着密切的联系。珠三角地区涉及的行业往往是五金电工、灯饰、精密仪器、家用电器等科技含量较高的行业，而粤东地区则多是玩具、塑料模具等劳动密集型行业。

第二，知识产权纠纷与当地特色产业关系密切。近年来，国外及港澳台地区的知识产权权利人将维权重点转移到中山市的灯饰、佛山的五金电工与瓷器、东莞的皮革箱包、深圳的电子产品等当地特色产业，且倾向于对当地企业提起大规模的民事知识产权诉讼。

三、2018 年广东涉外知识产权司法保护的特色和亮点

（一）坚持有错必纠，积极维护当事人的合法权益

党的十八届四中全会以来，依法治国进入了新时期。法治作为一种治国方略，它的真谛在于：必须保护公民的权利，对于有错误的案件一定要根据法定的程序予以纠正。据此，我国《民事诉讼法》规定：对于原判决、裁定认定事实的主要证据不足的；原判决、裁定适用法律确有错误的；人民法院违反法定程序，可能影响案件正确判决、裁定的；审判人员在审理该案件时有贪污受贿、徇私舞弊、枉法裁判行为的，可以提起审判监督程序，其主要目的就是从程序或实体上纠正案件的错误，加强对当事人利益的保护，维护公平正义，积极落实新时代法治思想。具体到知识产权审判亦是如此。广东法院始终贯彻落实依法纠错的思想，依法维护国内外企业、个人的合法权益。

例如，在奥托恩姆科技有限公司（Alt－NTechnologies）作为原告起诉赛邦、冠智达等公司的系列案件❶中，广东省高级人民法院根据当事人申请依法启动审判监督程序对此前的判决进行纠正，首先，在奥托恩姆科技有限公司诉深圳市冠智达实业有限公司侵害计算机软件著作权纠纷二审案中，法院认为：运用 Telnet 命令登录远程服务器，反馈页面如果显示有相应软件的信息，则说明通常情况下，被探测的服务器上安装了涉案软件。但是，技术人员可以修改服务器上的相关设置，则反馈页面显示的软件名称可能与实际安装的软件不一致。这一信息可以进行人为修改或设置。因此，通过 Telnet 命令操作获得的反馈信息有可能是不真实的，从而其与待证事实之间的关联性不具

---

❶ 参见广东省深圳市中级人民法院（2015）深中法知民终字第 1230 号、第 1231 号，广东省高级人民法院（2017）粤民再 463 号、464 号民事判决书。

备确定和唯一性，进而认定奥托恩姆公司并没有完成举证责任。该案再审过程中，广东省高级人民法院主动进行技术调查，通过当庭演示表明，涉案Mdaemon 10.1.1版本邮件服务器软件在下载安装过程中需要输入主域名，而在安装后仍然可以任意设置次域名，在主域名和次域名均设置为指向已经安装涉案软件的服务器IP地址的情况下，无论使用Telnet命令探测主域名还是次域名，反馈信息中均显示为主域名信息而不显示次域名信息；在主域名不指向已经安装涉案软件的服务器IP地址但次域名指向已经安装涉案软件的服务器IP地址的情况下，再使用Telnet命令探测次域名，反馈信息仍然显示主域名信息而不显示次域名信息。据此，应认定上述技术调查结果与奥托恩姆公司的解释相符。基于奥托恩姆公司公证取证时发出的Telnet命令探测的是冠智达公司官方域名"greemco.com"加上25号端口，且通过DNS解析，最终探测的是"greemco.com"指向的服务器25端口的事实，虽然反馈信息中没有显示"greemco.com"而显示了案外人的域名，但上述技术调查结果表明，奥托恩姆公司所主张的冠智达公司将其官方域名设置为次域名并将该次域名指向已经安装涉案软件的服务器IP地址的事实具有高度可能性。因此，奥托恩姆公司公证取证的Telnet命令反馈信息中虽然显示了案外人域名，但因该反馈信息出现了涉案软件的名称，故该反馈信息与该案仍有关联性。即运用了技术调查方式佐证了原告的主张，纠正了二审中法院认为Telnet方式取证不能有效证明的错误观点，在其他系列案中❶，法院也依法纠正原先的错误观点，进而改判原审原告胜诉，依法打击侵权盗版软件。

在新平衡运动鞋公司（以下简称"新平衡公司"）诉广州新百伦领跑鞋业有限公司（以下简称"新百伦公司"）、广州蓝鱼鞋业有限公司（以下简称"蓝鱼公司"）侵害商标权及不正当竞争纠纷案❷中，新平衡公司认为其运动鞋两侧使用的"N"字母经过长期使用和广泛宣传已经成为新平衡公司知名商品特有的装潢标识，而新百伦公司、蓝鱼公司实施了侵害新平衡公司知名

---

❶ 参见广东省高级人民法院（2017）粤民再464号民事判决书。
❷ 参见广东省广州市越秀区人民法院（2015）穗越法知民初字第316号、广州知识产权法院（2017）粤73民终1号民事判决书。

商品特有的装潢标识的权利的行为，构成不正当竞争。

一审法院认为，新平衡公司"new balance"运动鞋两侧使用的"N"字母标识经过新平衡公司长期宣传和反复使用，使得本不具有天然区别性的字母"N"在运动鞋的固定位置而产生了识别特定商品来源的属性，具有了识别商品来源的作用，足以使相关公众将使用在运动鞋两侧的"N"字母标识这一装潢与新平衡公司的"new balance"运动鞋联系起来，因此新平衡公司在"new balance"运动鞋两侧使用的"N"字母标识这一装潢属于《反不正当竞争法》第五条第（二）项所保护的知名商品的特有装潢。经比对，被控侵权商品上在鞋两侧中央位置使用的"N及五角星"标识与新平衡公司在鞋两侧使用的"N"字母标识，在隔离比对的情况下，以相关公众的一般注意力标准，被控侵权商品的"N及五角星"标识与新平衡公司"new balance"鞋的"N"字母标识在视觉上基本无差别，两者构成近似。

新百伦公司、蓝鱼公司应当知道新平衡公司"new balance"鞋使用的上述"N"字母标识装潢，但新百伦公司仍然委托蓝鱼公司生产在相同位置使用与新平衡公司上述"N"字母标识近似，整体上视觉无基本差别的"N及五角星"标识的运动鞋，其攀附新平衡公司商誉的主观恶意较明显，客观上也足以造成消费者对商品来源产生混淆、误认，新百伦公司、蓝鱼公司的上述行为符合《反不正当竞争法》第五条第（二）项的规定，构成对新平衡公司的不正当竞争行为。

判定新百伦公司、蓝鱼公司立即停止涉案对新平衡公司的不正当竞争行为，即停止使用与新平衡公司"new balance"运动鞋特有装潢"N"字母相同或近似的装潢。

二审法院则认为，从《反不正当竞争法》第五条及《最高人民法院关于审理反不正当竞争民事案件应用法律若干问题的解释》第二条的规定可知，知名商品的知名度并不必然得出装潢的特有性，装潢的特有性来源于其具备了区别商品来源的显著特征的商品的装潢的条件。一般而言，凡是具有美化商品作用、外部可视的装饰，都是装潢。法院认为不能就新平衡公司主张的"N"字母属于商品的装潢、"new balance"运动鞋作为知名商品，具有较高的市场知名度、消费者对新平衡公司产品装潢较为熟悉而认定"N"字母具备了区别商品来源的显著特征的商品的装潢的条件。"N"字母本身近乎于印刷体,不具有显著性;鞋帮两侧为英文字母并不是新平衡公司的独创;"N"字母仅是"new balance"运动鞋整体装潢中的一部分,新平衡公司现有证据不足以证明其主张的鞋帮两侧的"N"字母本身具备了区别商品来源的作用,其主张的鞋帮两侧的"N"字母不构成知名商品的特有装潢;不支持原审关于新百伦公司和蓝鱼公司构成擅自使用知名商品特有装潢的不正当竞争行为的认定。二审法院判决撤销一审判决关于要求新百伦公司、蓝鱼公司立即停止涉案对新平衡公司的不正当竞争行为,即停止使用与新平衡公司"new balance"运动鞋特有装潢"N"字母相同或近似的装潢的判项。

(二)坚持平等保护的原则,依法平等保护中外权利人的合法权益

涉外知识产权诉讼,基本上是外国企业或者个人作为原告针对我国国内企业或个人提起侵权之诉。广东法院在审理涉外知识产权案件时,始终坚持不偏不倚、平等保护的原则,依法维护国内外企业、个人的合法权益。

一是对国外权利人的相应诉请依法予以支持,充分保护其依法享有的知识产权。例如,在意大利弗拉股份公司诉东莞市时进实业有限公司擅自使用知名商品特有名称、包装、装潢纠纷与侵犯著作权案[1]中,判令被告东莞市时进实业有限公司赔偿意大利弗拉股份公司经济损失含合理维权支出共计人民币20万元。在叶佳修诉茂名市茂南蓝凯娱乐有限公司侵犯著作权、侵权纠纷案[2]中,判令被告赔偿10800元人民币。[3]

在日本株式会社MTG诉深圳市恒健达科技有限公司(以下简称"恒健达公司")侵害外观设计专利权纠纷案[4]中,法院经审理认定,被告侵权情节严

---

[1] 参见深圳市中级人民法院(2014)深中法知民初字第486号、广东省高级人民(2017)粤民终3097号民事判决书。
[2] 参见广东省茂名市中级人民法院(2016)粤民初77号、广东省高级人民法院(2018)粤民终989号民事判决书。
[3] 参见广东省茂名市中级人民法院(2016)粤民初77号、广东省高级人民法院(2018)粤民终989号民事判决书。
[4] 参见广东省深圳市中级人民法院(2017)粤03民初410号、广东省高级人民法院(2018)粤民终682号民事判决书。

重，在诉讼过程中无正当理由拒不履行法院作出的文书提出命令，存在举证妨碍行为，致使原告株式会社 MTG 的损失扩大、维权成本增加，侵权恶意十分明显。故广东省高级人民法院全额支持了原告的诉讼请求。

在路易威登马利蒂诉广州信江贸易有限公司（以下简称"信江公司"）、广州百视通眼镜有限公司（以下简称"百视通公司"）、徐某侵害商标权纠纷系列案❶中，一、二审法院在确认三被告共同侵犯路易威登马利蒂涉案注册商标"◇"专用权并判令三者共同承担侵权损害赔偿责任的情况下，二审法院根据《商标法》第六十三条及《最高人民法院关于审理商标民事纠纷案件适用法律若干问题的解释》第十六条的规定，结合具体案情：路易威登马利蒂在一审中提交证据证明了涉案商标具有较高的知名度，且路易威登马利蒂提交证据证明了其为包括该案在内的针对徐某、信江公司、百视通公司提起的三起商标权侵权诉讼所支出合理开支的具体数额，其中，公证费 4000 元有正式发票为据，律师费 160000 元亦有《委托代理合同》及发票为凭，该律师收费数额不违反律师服务收费的相关法律法规，酌情予以考虑，确认一审法院判赔 18000 元过低，应予以改判。调整徐某、信江公司、百视通公司的赔偿数额为 60000 元。

二是合理界定国外及港澳台权利人享有的知识产权的权利界限，对未落入其知识产权保护范围内的诉请予以驳回，有效地制止了权利滥用和非法垄断。在汪某某诉广州市仙朵贸易有限公司侵害外观设计专利权纠纷案❷中，原告汪恩光作为外观设计专利权人主张被告制造的榨汁机侵犯了其涉案的外观设计专利权，请求法院判决被告赔偿其全部经济损失。法院经审理认定，涉案专利的设计特点是形状、式样、装饰和构型，二者在整体形状结构上有相似，但产品的整体形状为常见的设计，一般消费者不仅会关注整体形状，而且会关注产品各个零部件的设计，而该案外观设计主要在于形状、式样、装饰和构型，而底座、摇杆、加料口设计的区别足以引起两者在整体视觉效果

---

❶ 参见广东省广州市越秀区人民法院（2017）粤 0104 民初 14971 – 14973 号、广州知识产权法院（2018）粤 73 民终 1178 – 1180 号民事判决书。

❷ 参见广州知识产权法院（2017）粤 73 民初 5 号民事判决书。

上存在显著差异，故两者不相同也不近似。被诉侵权产品未落入涉案专利权的保护范围，依法驳回原告全部诉讼请求。

坚持平等保护的原则，不仅是我国吸引国外资金和先进技术的现实需要，也是我国履行国际条约、树立良好国际形象的客观要求。在广东这一改革开放的前沿阵地上，广东法院始终坚持不偏不倚、平等保护的原则，深入贯彻落实法律面前人人平等原则，为广东深化改革开放提供司法制度上的保障。

（三）充分运用证据规则，探求知识产权"赔偿难"问题的破解之道

随着中美贸易战的爆发，美国当局为了获得谈判筹码，不断质疑中国知识产权司法保护不力。而其中维权成本高和赔偿数额低被美国当局认为是中国知识产权司法保护不力的突出体现。我国司法实践的确长期深受知识产权损害赔偿计算难、判赔数额低的困扰。为了进一步遏制恶意侵权的现象，提高我国知识产权保护的国际形象，广东法院在赔偿领域进行了大量有益的尝试，比如积极运用文书提出命令，责令侵权人提交会计账簿等经营信息，再如在对方拒不提交时，法院结合具体案情，根据诚实信用原则推定当事人的保守利润等。

在日本株式会社 MTG 诉深圳市恒健达科技有限公司（以下简称"恒健达公司"）侵害外观设计专利权纠纷案[1]中，原告方申请法院作出文书提出命令，而被告无正当理由拒不履行。法院将具体的案件事实与被告拒不停止侵权的严重情节、妨碍举证、恶意申请专利无效宣告以拖延诉讼进程的恶劣行为相结合，推定被告单件产品的保守利润，依法全额支持了原告 220 万元的诉讼请求。

在英特技术集团公共有限公司（以下简称"英特公司"）诉深圳市天祥企业信息咨询有限公司（以下简称"天祥公司"）、刘某林、刘某良侵害商标权及不正当竞争纠纷案[2]中，天祥公司对其实施了被诉侵权行为并无异议，却

---

[1] 参见广东省深圳市中级人民法院（2017）粤 03 民初 410 号、广东省高级人民法院（2018）粤民终 682 号民事判决书。
[2] 参见广州知识产权法院（2015）粤知法商民初字第 7 号、广东省高级人民法院（2018）粤民终 497 号民事判决书。

主张撤销一审判决中赔偿部分，事实和理由是其未因侵权行为获得盈利且严重亏损，无力支付赔偿款。然而，二审法院对天祥公司上诉称其自成立以来并未有任何盈利，对外宣传的咨询费用及经营规模均为虚假宣传，一审法院判决赔偿数额过高，其账户没有任何存款，无力支付一审判赔金额的主张进行分析，认为银行账户不具有唯一性，在主体合法的前提下可以在多家银行开设多个银行账户。天祥公司不提供其完整财务账册，而仅提交一家银行对账单，其提供的证据不能证明其企业经营和盈利状况，且英特公司亦不认可上述银行对账单的真实性、合法性和关联性，对天祥公司该主张不予支持；此外，天祥公司还主张其对外宣传的咨询费用及经营规模等信息属于虚假宣传，不能证明其实际盈利情况。对此，二审法院认为，市场主体的经营活动应当遵循诚实信用的民法基本原则，在不存在充分反证的情况下，天祥公司应对其所作的关于经营规模和盈利状况的宣传承担相应的法律后果。天祥公司的相关上诉理由于法无据，不能成立。二审法院维持了一审作出的酌定天祥公司、刘某良各赔偿15万元，刘某林承担连带赔偿责任的判决。

（四）积极开展矛盾化解工作，努力促进当事人从对抗走向合作

在运用裁判方式审判大量民事知识产权案件的同时，同样注重民事知识产权案件的和解、调解工作。坚持"能调则调，当判则判，调判结合，案结事了"的原则，将调解贯穿于案件审理的全过程，不仅可以实现案件的繁简分流，节省司法资源，还可以将矛盾化解在基层，促进当事人之间的合作，保证社会的稳定。例如，在达特工业股份有限公司诉揭阳市榕城区雅秀塑料制品厂侵害外观设计专利权纠纷案❶中，经法院主持双方达成调解协议，侵权人均同意立即停止侵权，将模具交付给权利人处置，积极赔偿权利人相应的经济损失，并保证不再实施侵权行为。

在MCM控股公司（MCM Holding AG）诉广州市木村弘野皮具有限公司侵害商标权纠纷案❷中，经法院主持调解，当事人自愿达成调解协议：广州市

---

❶ 参见广东省高级人民法院（2017）粤民终2194号民事调解书。
❷ 广州知识产权法院（2018）粤73民终2696号民事调解书。

木村弘野皮具有限公司在约定期限内分期赔偿 MCM 控股公司经济损失人民币 13 万元。若有任何一期逾期付款，上诉人广州市木村弘野皮具有限公司按照一审判项判赔数额向被上诉人 MCM 控股公司一次性支付赔偿款（上诉人广州市木村弘野皮具有限公司根据本协议已支付的数额不计算在一审判决的赔偿数额范围之内）；在签订该调解协议之日起 2 个月内，上诉人广州市木村弘野皮具有限公司须在《中国知识产权报》或其他全国发行的报纸上刊登已由双方当事人约定内容的致歉声明，并保证不再侵犯 MCM 控股公司持有的知名商标"MCM"（商标号 G623685、G588297）的商标专用权，不再仿冒 MCM 控股公司包类产品持有的包装装潢。

四、2018 年广东涉外知识产权典型案例及裁判规则

（一）涉外专利权纠纷典型案例及裁判规则

1. 捐献原则的运用

典型案例：生力公司诉广州蓝尔迪塑料制品有限公司（以下简称"蓝尔迪公司"）侵害发明专利权纠纷案。❶

基本案情：生力公司是发明 ZL200410057424.8（"热绝缘衬垫"）的专利权人。其请求以权利要求 1～6、9、10、12 确定其专利权的保护范围。其中，权利要求 6 的内容为：引用权利要求 5 并附加有"该连接钩永久性地连接到所述多个孔眼或集装箱钩中的每一个上"的技术特征。此外，生力公司在说明书中对权利要求 6 的说明如下：连接钩可从孔眼或集装箱的钩上拆下，或者也可以永久地连接到孔眼 40 或者集装箱的钩 15 上，以使得连接钩 17 不会被错放。

法院裁判：广州知识产权法院认为，生力公司主张被诉侵权产品落入涉案专利权利要求 6，双方对被诉侵权产品是否落入涉案专利权利要求 6 的争议焦点在于对权利要求 6 中"永久性地连接"的理解。对此，广州知识产权法

---

❶ 参见广州知识产权法院（2016）粤 73 民初 2045 号、广东省高级人民法院（2017）粤民终 1458 号民事判决书。

院认为，根据说明书图4的实施例，连接钩可从孔眼或集装箱上的钩上拆下，或者也可以永久性地连接到孔眼或集装箱的钩上，以使得连接钩不会被错放。由此可见，所谓"永久性地连接"并非指连接钩永远不可拆下，而是指为了更简单、更快捷将衬垫插入集装箱，事先将连接钩固定连接在孔眼或集装箱上的钩上。被告蓝尔迪公司主张被诉侵权产品的挂钩并非与鸡眼或吊环永久性连接，是对上述"永久性地连接"的错误理解，故其主张不能成立。被诉侵权产品具有"该连接钩永久性地连接到所述多个孔眼或集装箱钩中的每一个上"的技术特征，落入涉案专利权利要求6的保护范围。

被告蓝尔迪公司不服广州知识产权法院对被诉侵权产品落入涉案专利权利要求6的认定，提起上诉。广东省高级人民法院认为，涉案权利要求6引用权利要求5并附加有"该连接钩永久性地连接到所述多个孔眼或集装箱钩中的每一个上"的技术特征。根据涉案专利说明书记载，"金属连接钩可以永久地连接在孔眼上，或者也可以从其上解下"。可见，包含"金属连接钩永久地连接在孔眼上"或"金属连接钩可以从孔眼上解下"技术特征会形成两种并列的技术方案。专利权人在撰写涉案专利时，仅选择"该连接钩永久性地连接到所述多个孔眼或集装箱钩中的每一个上"，应视为放弃把"金属连接钩可以从孔眼上解下"这一技术特征纳入专利保护范围。由于被诉侵权产品的金属连接钩可以从孔眼上解下，缺少权利要求6包含的"该连接钩永久性地连接到所述多个孔眼或集装箱钩中的每一个上"的技术特征，因此不落入权利要求6的保护范围。一审判决根据实施例附图对"永久性地连接"的解释没有依据，扩大了权利要求6的保护范围，广东省高级人民法院依法予以纠正。

2. 制造行为的认定

典型案例：达特工业股份有限公司（以下简称"达特公司"）诉广东葆扬投资管理有限公司（以下简称"葆扬公司"）侵害外观设计专利权纠纷案。[1]

---

[1] 参见广州知识产权法院（2016）粤73民初2496号、广东省高级人民法院（2018）粤民终519号民事判决书。

基本案情：达特公司是一种名称为"瓶（饮水瓶）"的外观设计专利权人（专利号为 ZL201230045589.9）。达特公司委托的代理人在上海、北京、广州的名创优品店铺分别购得涉案侵权产品，产品底部的标识上标注了 Miniso 及株式会社名创优品产业、葆扬公司的名称，其后，达特公司向广州知识产权法院起诉。葆扬公司自认许诺销售、销售被诉侵权产品，但主张被诉侵权产品是其委托案外人葆茗商行向案外人优诺凯公司采购，葆扬公司并未直接制造被诉侵权产品。该案的争议焦点之一在于，葆扬公司是否属于侵权产品制造者，是否需要承担制造侵权产品的责任。

法院裁判：广东省高级人民法院认为，即便如葆扬公司所述，被诉侵权产品是其委托案外人葆茗商行向优诺凯公司采购，葆扬公司仍需承担制造者责任。理由是，该案被诉侵权产品的中文标签上印有葆扬公司的名称及地址，并最终以"名创优品"品牌产品的名义对外销售。根据葆扬公司要求供应商"需按照葆扬公司的要求提供产品和服务"的约定，以及被诉侵权产品底部标注品牌商为株式会社名创优品产业、葆扬公司为代理商的事实，结合葆扬公司一审中提交的广东赛曼投资有限公司出具的授权证明，可认定葆扬公司是品牌运营管理商，其在被诉制造行为中对具体产品的品种选择、品质要求、包装交付标准、技术规范等具有决定权。并且该案中，并没有证据显示其经营活动受到 Miniso 品牌方指令。同时，上述事实亦可高度盖然性地证明葆扬公司对被诉侵权产品的技术方案选择具有控制权，故应认定葆扬公司与具体制造者之间存在意思联络及分工合作关系，葆扬公司仍应承担制造者责任。

3. 合法来源抗辩的判断

典型案例：达特工业股份有限公司（以下简称"达特公司"）诉广州市天河区石牌创品优百货店（以下简称"创品优百货店"）侵害外观设计专利权纠纷案。❶

基本案情：达特公司是一种名称为"瓶（饮水瓶）"的外观设计专利权

---

❶ 参见广州知识产权法院（2016）粤 73 民初 2496 号、广东省高级人民法院（2018）粤民终 519 号民事判决书。

人（专利号为 ZL201230045589.9）。达特公司委托的代理人在上海、北京、广州的名创优品店铺分别购得涉案侵权产品，其后，达特公司向广州知识产权法院起诉。创品优百货店自认许诺销售、销售被诉侵权产品，但主张合法来源抗辩。广州知识产权法院查明，创品优百货店的经营者与葆扬公司的法定代表人一致，创品优百货店是葆扬公司的直营店铺，按照连锁品牌经营模式经营，其销售的侵权产品均来源于葆扬公司。该案的争议焦点之一在于，创品优百货店主张的合法来源抗辩是否成立。

  法院裁判：关于创品优百货店提出其销售的被诉侵权产品来源于葆扬公司，有合法来源的主张，广州知识产权法院认为：首先，葆扬公司确认创品优百货店销售的被诉侵权产品来源于葆扬公司；其次，第11128号公证书记载的创品优百货店的门店装饰、销售票据的样式与葆扬公司其他店铺一致，被诉侵权产品实物亦并无区别；再次，经查证，创品优百货店的经营者和葆扬公司的法定代表人为同一人；最后，尽管达特公司主张创品优百货店的侵权行为具有主观恶意，并提交了第12506号公证书、《特百惠生活》刊物及文献复制资料等证据，但上述证据不足以充分证明创品优百货店实施销售行为时明知涉案被诉侵权产品是专利侵权产品。因此，广州市知识产权法院认定创品优百货店销售的被诉侵权产品来源于葆扬公司，其合法来源抗辩成立。

  广东省高级人民法院认为，由于合法来源抗辩涉及损害赔偿责任的免除，故应充分考虑交易渠道是否规范合法，销售者主观上是否具有放任侵权的过错心态等，以实现严格保护知识产权与保护交易安全之间的平衡。在对以上因素进行充分考量后，广东省高级人民法院认为，创品优百货店的合法来源抗辩不能成立，理由如下：首先，虽然葆扬公司认可创品优百货店是葆扬公司的直营店以及销售的被诉侵权产品均来源于葆扬公司的主张，但是创品优百货并未提供被诉侵权产品系来源于葆扬公司的销售单据、转账凭证等任何证据。虽然在实际交易中，出于相互信任或节约交易成本等多种因素的考虑，可能存在经营行为不规范，订货、送货、收款等过程中的书面手续不完备，所形成的相关证据难以准确、完整地反映整个交易情况，但是由于销售者对其合法来源抗辩所依据的事实负有证明责任，不规范的经营行为会导致没有证据或证据不能形成完整证据链,此时无法举证证明具有合法来源的后果是经营者自身不规范的经营直接造成的,应当由其自己承担不利的后果。仅凭两者是直营门店的关系即认定合法来源抗辩成立,不符合相关司法解释的规定。其次,创品优百货店的经营者与葆扬公司的法定代表人一致,前者为后者的直营门店,故创品优百货店应当知道被诉侵权产品系侵害他人专利权的产品,但其未尽合理的注意义务,主观上具有过错,不属于善意的销售者。综上所述,创品优百货店的合法来源抗辩不符合法律规定的主观要件与形式要件,应承担赔偿责任。

4. 网络服务提供者是否承担侵权责任的判断标准

典型案例:欧阳某某诉吴某某、浙江淘宝网络有限公司(以下简称"淘宝公司")侵害外观设计专利权纠纷案。[1]

基本案情:欧阳某某是一种名称为"计步器(CR-767)"的外观设计专利权人(专利号为ZL200830222869.6),欧阳某某发现被告吴某某未经许可,以生产经营为目的,在淘宝网上销售、许诺销售被诉产品,于是在网上向淘宝公司进行了投诉。针对欧阳某某的投诉,淘宝公司及时通知了卖家删除被诉产品信息。欧阳某某认为,被告吴某某并未经过工商登记,其经营涉案网店属于无证经营,而被告淘宝公司未对此尽到合理的审查和注意义务,为吴某某无证经营、销售侵权商品的行为提供帮助,构成帮助侵权,应对该案承担连带责任。该案的争议焦点之一在于,网络服务提供者承担侵权责任的判断标准。

法院裁判:根据《网络交易管理办法》第二十三条第二款规定,第三方交易平台经营者应当对尚不具备工商登记注册条件、申请进入平台销售商品或者提供服务的自然人的真实身份信息进行审查和登记,建立登记档案并定期核实更新,核发证明个人身份信息真实合法的标记,加载在其从事经营活动的主页面醒目位置。该案中,被告淘宝公司作为信息发布平台的服务提供商对在涉案商铺中提供服务的吴某某进行了个人身份信息审查和登记,其已

---

[1] 参见广东省深圳市中级人民法院(2016)粤03民初454号、广东省高级人民法院(2018)粤民终825号民事判决书。

提示用户不得发布侵犯他人知识产权的信息，尽到了相应的提醒义务。并且淘宝公司在受理原告欧阳某某的投诉后，及时在淘宝网站上删除了被诉侵权产品的售卖信息，采取了合理的必要措施，尽到了合理的审查和注意义务。综上所述，欧阳某某主张淘宝公司承担连带侵权责任的理据不足，不予支持。

5. 权利要求的解释

典型案例：大自达电线股份有限公司（以下简称"大自达公司"）诉广州方邦电子股份有限公司（以下简称"方邦公司"）侵害发明专利权纠纷案。[1]

基本案情：大自达公司是发明"印刷布线板用屏蔽膜以及印刷布线板"（ZL200880101719.7）专利的权利人，因认为方邦公司生产销售的屏蔽膜产品侵犯其专利，在广州知识产权法院起诉方邦公司电子专利侵权。广州知识产权法院一审判决认定被诉侵权技术方案未落入涉案专利权的保护范围，方邦公司的行为不构成侵权，驳回原告大自达公司的全部诉讼请求。大自达公司不服一审判决，向广东省高级人民法院提起上诉。该案争议焦点之一为被诉产品是否落入专利保护范围，判断的关键是对"波形结构"的理解。

法院裁判：广东省高级人民法院根据《最高人民法院关于审理侵犯专利权纠纷案件应用法律若干问题的解释》第三条第一款规定来解释"波形结构"。该案中，涉案专利权利要求书及说明书均未对"波纹结构"作出特别定义，双方亦认可"波形结构"在涉案专利所涉领域并非有统一含义的通用术语。大自达公司声称"波形结构"是其在申请涉案专利时自行提出的技术特征，故该案依法应依据说明书及附图、权利要求书中的相关权利要求、专利审查档案来理解"波形结构"。

首先，专利权利要求书虽并未对如何使所述第一金属层以波纹结构的方式形成的具体手段作出限制，但从权利要求8所附加的"第一金属层以沿着所述绝缘层的单面表面成为波纹结构的方式形成"可见不能将仅仅系因绝缘层表面凹凸不平而自然导致的不平坦状态纳入"波纹结构"。其次，结合说明

---

[1] 参见广州知识产权法院（2017）粤73民初263号、广东省高级人民法院（2017）粤民终2363号民事判决书。

书第 0006 段、0007 段、0009 段、0010 段、0011 段、0012 段记载可知，所述金属层的波纹结构应该具有较明显的弯曲性，其形状是涉案专利希望形成并可通过具体方法控制形成更理想状态的波纹结构。最后，在涉案专利申请文件审查过程中，审查员认为申请文件中大自达公司的修改没有给出第一金属层以其他方式的形成结构，不符合《专利法》第三十三条规定。大自达公司对此审查意见未作出相应说明回应或进一步清晰、合理地限制或解释相关技术特征，而是接受此审查意见，恢复原表述进而获得专利授权，却在该案诉讼中主张审查员的相关意见错误，主张"锯齿形或连续的凹凸形"应属于"波纹结构"，或应对"锯齿形或连续的凹凸形"作相对狭窄的理解，相关行为显然不符合诚实信用原则，因此应重视专利审查文件公示作用。

再结合涉案专利说明书附图 1 和附图 13（a）以不同形式反映同一"波纹结构"以及大自达公司与鉴定人对曲率突变、尖锐突起或不具有弯曲性均影响抗弯曲性因而不符合发明目的的认可，最终得出的结论是，涉案专利所谓的"波形结构"至少应该是：相对规则、相对明显、相对平滑的连续高低起伏波动结构，排除因绝缘层表面凹凸不平而自然导致的金属层无规律性高低起伏，亦不排除不具有高弯曲性的大致平坦、锯齿形或连续的凹凸形结构。

6. 专利方案的对比

经典案例：朴某某诉深圳市骏昊自动化科技有限公司（以下简称"骏昊公司"）侵害发明专利纠纷案。[1]

基本案情：朴某某是专利号 ZL03106189.3、名称为"在切割刀片上形成桥口的切桥型模"发明专利的专利权人，因骏昊公司未经其授权许可，以生产经营为目的，擅自制造、销售、许诺销售朴某某的涉案专利产品，侵害了朴某某的发明专利权，在深圳市中级人民法院起诉骏昊公司侵害发明专利权。深圳市中级人民法院判决骏昊公司停止侵害朴某某专利权的行为，销毁库存侵权产品，赔偿朴某某经济损失及合理维权费用。朴某某与骏昊公司不服一

---

[1] 参见广东省深圳市中级人民法院（2015）深中法知民初字第 1153 号、广东省高级人民法院（2017）粤民终 1226 号民事判决书。

审判决,向广东省高级人民法院提起上诉。该案争议焦点之一是被诉侵权产品是否落入涉案专利保护范围,关键在于骏昊公司关于被诉侵权产品与涉案专利之间存在不相同也不等同的两项技术特征的理由是否成立。骏昊公司主张的第一项区别是该案被诉侵权产品没有该案请求保护的专利权利要求记载的模具导槽即权利要求书中记载的"导向槽20a",不同于专利的"将弹簧偏压模具布置在模具导槽"的技术特征。第二项区别是该案被诉侵权产品对模具的给力方式不是该案专利权利要求1记载的"弹簧偏压"。

  法院裁判:关于骏昊公司主张的第一项区别。首先,广东省高级人民法院综合该案专利权利要求1关于切桥模结构的描述及专利要求说明书及其附图关于弹簧偏压模具21、导向槽20a、模具前边21a的描述判断,认为模具导槽应当是在切桥型模上与过带孔垂直的可供整个弹簧偏压模具插入的孔槽,该案被诉侵权产品存在同样孔槽。其次,该案专利权利要求1对弹簧偏压模具的限定是"能够有选择地并且快速地在模具导槽中移动,以便于在通过过带孔的金属带上制出桥口",这一技术解决了以前技术中存在的降低装置生产率、增加切割刀片的生产成本的问题,即该案对于弹簧偏压模具这一关键性的对以往技术进行创新的技术特征是以期能够实现的功能和效果进行限定的功能性特征,本领域技术人员并不能仅仅通过阅读权利要求即可以一般公知的技术手段予以实现。因而,根据《最高人民法院关于审理侵犯专利权纠纷案件应用法律若干问题的解释》第四条的相关规定,应当结合说明书与附图描述的该功能或效果的具体实施方式及其等同的实施方式,来确定该技术特征的内容。从该案说明书和附图对弹簧偏压模具的实施方式的描述来看,在功能和效果方面,专利权利要求实施例中由导向槽对切桥模具形成紧握,从而保证了模具在型模中快速、平稳地滑动,几乎完全避免了模具的摩擦划伤,实现了模具的高效长寿使用。而被诉侵权产品中细长圆柱体与模具镂空槽的配合,无法有效避免模具快速插入型模并移动时的摩擦划伤,无法实现模具的高效长寿使用。因此,与该案专利说明书及附图记载的实现专利权利要求所称功能或者效果不可缺少的技术特征相比,被诉侵权技术方案的相应技术特征是不相同亦不等同的技术特征。

关于骏昊公司主张的第二项区别。广东省人民法院认为没有任何证据显示本领域技术人员均认为弹簧偏压模具与切桥模、模具是内涵、外延相同并可以相互借用的概念。该案说明书中没有任何实施例或解释指向切桥模如何一弹簧偏压的方式受力，无法支持专利要求以"弹簧偏压"对切桥模进行限定的技术特征。且被诉侵权产品的切桥模具不具有弹簧偏压的受理方式。因此，被诉侵权的技术方案缺少弹簧偏压模具的特征。

综上所述，被诉侵权产品的技术特征与本案专利要求1的全部技术特征比相比，既不相同也不等同，被诉侵权产品并未落入该案专利权的保护范围，骏昊公司的上诉理由成立。

7. 职务发明报酬权的取得

典型案例：吴某某诉BETTELI LIMITED（以下简称"BETTELI"）、希美克（广州）实业有限公司（以下简称"希美克公司"）职务发明创造发明人报酬纠纷案。[1]

基本案情：吴某某自1999年起在希美克公司任职并于在职期间完成了"防止锁闭的防风门插芯锁"的职务发明创造。2003年，吴某某签署专利申请权转让书，向香港公司BETTELI转让涉案职务发明创造在美国、美国领属地以及所有外国的与发明有关的一切权益。BETTELI与希美克公司的法定代表人为同一人，且两公司均未向吴某某支付转让对价。2003年，BETTELI将涉案职务发明创造在美国申请发明专利并在2007年获得授权，发明人为吴某某。吴某某认为其为涉案专利发明人，理应获得相应报酬，向广州知识产权法院提起诉讼。广州知识产权法院判决希美克公司向吴某某支付发明人报酬人民币30万，希美克公司对一审判决不服，向广东省高级人民法院提起上诉。该案争议焦点之一为吴某某是否有权依中国法律主张涉案职务发明创造发明人报酬。

法院裁判：希美克公司认为，涉案职务发明创造申请并获得的是美国专利权，并非中国专利权，因此该案不能适用中国专利法而应适用美国专利法，

---

[1] 参见广州知识产权法院（2016）粤73民初1721号、广东省高级人民法院（2018）粤民终1824号民事判决书。

希美克公司不需要向职务发明创造发明人支付报酬。对此，广东省高级人民法院认为，涉案专利是否受中国专利法保护与涉案职务发明创造发明人能否主张报酬权系两个不同的法律问题，不应混为一谈。涉案职务发明创造即使并未申请授予中国专利权，只要符合中国专利法相关规定，职务发明创造发明人亦可依法主张相关权利。该案中，各方当事人均认可，吴某某在中国境内成立的希美克公司任职后，在希美克公司完成了涉案职务发明创造。因此，中国境内不仅是吴某某的工作地，也是涉案职务发明创造的产生地与完成地。这种在中国境内完成的发明创造活动，依法受到中国专利法的调整。尤其需要指出的是，职务发明创造的发明人报酬具有劳务属性，相关单位不能通过不公平不合理的手段规避支付相关劳务报酬的法定义务。《涉外民事关系法律适用法》第四条规定："中华人民共和国法律对涉外民事关系有强制性规定的，直接适用该强制性规定。"《最高人民法院关于适用〈中华人民共和国涉外民事关系法律适用法〉若干问题的解释（一）》第十条规定："有下列情形之一，涉及中华人民共和国社会公共利益、当事人不能通过约定排除适用、无需通过冲突规范指引而直接适用于涉外民事关系的法律、行政法规的规定，人民法院应当认定为涉外民事关系法律适用法第四条规定的强制性规定：（一）涉及劳动者权益保护的；……"就职务发明创造发明人的奖励和报酬权利而言，职务发明创造制度的基础在于发明人与用人单位之间存在劳动关系，正是因为发明人系用人单位员工的身份属性和工作性质，决定了进行职务发明创造研究系其工作任务的一部分，故职务发明创造的专利权归属于用人单位，而发明人凭借其智力劳动而获得相应劳动报酬。职务发明创造发明人获得合理报酬的制度核心，正在于协调作为劳动者的发明人与用人单位之间地位不平等的问题，从而实现职务发明成果利益公平合理分配。因此，中国法律中涉及职务发明创造发明人报酬的相关规定，涉及劳动者权益，不得予以规避。该案中，希美克公司通过要求吴某某签署转让书，将吴某某在中国境内完成的涉案职务发明创造相关专利申请权无偿转让给其关联公司 BETTELI 并在美国申请专利后，利用美国专利法规定拒绝向吴某某支付发明人报酬，其实质系利用不同的法律制度规避其依中国法律应当支付劳动对价的义务，明显损害吴某某作为劳动者的权益，不符合我国职务发明创造制度的立法宗旨，违反我国法律相关规定。吴某某作为在中国境内完成的职务发明创造的发明人，有权依中国法律规定主张获得职务发明创造发明人报酬。

8. 实施制造、许诺销售被诉侵权产品行为的判断

经典案例：斯托克股份有限公司（以下简称"斯托克公司"）诉佛山市斯托克婴童用品有限公司（以下简称"斯托克婴童公司"）侵害发明专利权纠纷案。❶

基本案情：斯托克公司为专利号为ZL200480018962.4、名称为"用于儿童座椅和可伸缩调节的搁脚的高度调节的装置"的发明专利的专利权人，因认为斯托克婴童公司侵害其发明专利权，向广东省佛山市中级人民法院提起诉讼。一审判决斯托克婴童公司停止制造、销售、许诺销售涉案侵权产品、销毁库存的侵权产品并赔偿斯托克公司经济损失及合理开支。斯托克婴童公司不服一审判决，向广东省高级人民法院提起上诉。该案争议焦点之一是斯托克婴童公司是否实施制造、许诺销售被诉侵权产品。

法院裁判：广东省高级人民法院认为，首先，斯托克婴童公司的经营范围证明其具有制造被诉侵权产品婴儿车的资质和能力；其次，公证购买取得被诉侵权产品的外包装、保险卡、宣传画册显示的生产商是斯托克婴童公司；最后，经公证的在互联网上下载的图片上的被诉侵权产品外观与涉案的被诉侵权产品完全相同，且该网站由斯托克婴童公司主办，网站上有斯托克婴童公司的介绍，网页显示的"版权所有"及联系方式均指向斯托克婴童公司。综上所述，以上证据形成的完整证据链，充分证明了斯托克婴童公司实施了制造、许诺销售被诉侵权产品的行为。

9. 合法来源抗辩是否成立的判断

经典案例：比肯灯饰国际有限公司（以下简称"比肯公司"）诉朱某某侵害发明专利权纠纷案。❷

---

❶ 参见广东省佛山市中级人民法院（2014）佛中法知民初字第526号、广东省高级人民法院（2018）粤民终1088号民事判决书。

❷ 参见广州知识产权法院（2016）粤73民初1431号、广东省高级人民法院（2018）粤民终1349号民事判决书。

基本案情：比肯公司是名称为"组合的天花板风扇和灯具"、专利号为ZL200880131045.5的发明专利权人，因认为朱某某侵害其发明专利，向广州知识产权法院提起诉讼。一审判决朱某某停止制造、销售涉案侵权产品并赔偿比肯公司经济损失及合理开支。朱某某不服一审判决，向广东省高级人民法院提起上诉。该案的争议焦点之一是朱某某的合法来源抗辩是否成立。

法院裁判：朱某某主张被诉侵权产品来源于中山市威御电器有限公司（以下简称"威御公司"），且威御公司已获得比肯公司授权实施涉案专利，朱某某提交了相关证据。首先，朱某某提供的证据足以证明其与威御公司在被诉侵权期间就灯类产品有交易往来。朱某某在被诉侵权期间多次向威御公司股东陈某某转账汇款，收款账户信息与QQ用户"聚然风吊扇灯"与"威御电器业务跟单"（个性签名显示的联系电话与威御公司网站信息吻合）的聊天记录中威御公司发货清单显示的收款账户信息一致，QQ聊天记录中双方就第三方转账确认的款项金额与QQ用户"金达照明——安"发给"聚然风吊扇灯"的电子转账凭证显示的金额一致，付款人与收款人分别为金达公司、威御公司。由以上证据可认定朱某某通过昵称为"聚然风吊扇灯"的QQ账号与QQ账户昵称为"威御电器业跟单"的威御公司业务人员就威御公司灯类产品的订购事宜进行多次沟通。其次，朱某某销售的被诉侵权产品合法来源于威御公司有事实依据。被诉侵权产品及外包装上均无生产厂商信息，且无直接证据显示朱某某实际具备生产被诉产品的能力和条件，朱某某与威御公司的交易多次涉及被诉侵权产品。再结合比肯公司确有授权威御公司实施涉案专利，以及被诉侵权产品售价与朱某某购买价格的对比，可以认定朱某某向威御公司购买的灯具产品与被诉侵权产品具有同一性，被诉侵权产品来源于威御公司。最后，普通个人销售者技术方案和侵权产品的认知能力，该案亦无证据证明朱某某存在主观过错。

综上所述，广东省高级人民法院认为朱某某的合法来源抗辩成立。

(二) 涉外商标权及反不正当竞争纠纷典型案例及裁判规则

1. 个体工商户标识侵犯商标权的认定

典型案例：路易威登马利蒂诉胡某某侵害商标权纠纷案。❶

基本案情：路易威登马利蒂是第 241081 号 " V " 注册商标的权利人。胡某某为个体工商户十里洋坊酒吧的经营者。路易威登马利蒂指控十里洋坊酒吧在经营中突出使用含有"LV"的多种商标标识。胡某某认为其在十里洋坊酒吧经营过程中使用含有"LV"标识的行为未侵犯其第 241081 号"LV"注册商标专用权，因此无须承担任何赔偿责任。该案争议焦点之一在于，十里洋坊酒吧的被诉行为是否侵犯了路易威登马利蒂的注册商标专用权。

法院裁判：广东省高级人民法院认为，根据商标法及相关司法解释的规定，复制、摹仿、翻译他人注册的驰名商标或其主要部分，在不相同或者不相类似商品（服务）上作为商标使用，误导公众，足以使相关公众认为被诉商标标识与驰名商标具有相当程度的联系，而减弱驰名商标的显著性，致使该驰名商标注册人的利益可能受到损害的，属于侵犯注册商标专用权的行为。因此，在对被诉行为是否侵权进行认定时，应当考虑该驰名商标的显著程度、该驰名商标在使用被诉商标标识的商品（服务）的相关公众中的知晓程度、使用驰名商标的商品（服务）与使用被诉商标标识的商品（服务）之间的关联程度等因素。

具体到该案而言，首先，路易威登马利蒂的商标属于驰名商标，并且其商标除指向路易威登商品外本身无任何其他含义，具有强显著性；其次，涉案商标在皮箱（包）类高端商品领域中具有较高的知晓程度，形成了较强的品牌效应和广告影响力，在时尚产业及相关客户群体中具备良好声誉与优质形象；最后，路易威登马利蒂所提供的商品与十里洋坊酒吧提供的服务同属于普通消费领域，而非特定的行业，涉及相关公众也都是一般生活领域的消费者，两者所涉及的相关公众有一定程度的重合、交叉。因此，十里洋坊酒

---

❶ 参见广州知识产权法院（2015）粤知法商民初字第 50 号、广东省高级人民法院（2018）粤民终 570 号民事判决书。

吧被诉行为属于对涉案驰名商标的市场声誉进行不正当的攀附性利用，极易使相关公众误以为其提供的服务来源于路易威登马利蒂，或者其与路易威登马利蒂存在关联经营、许可关系或其他特定联系，从而降低涉案商标的显著性，减弱了注册商标与路易威登马利蒂之间唯一、特定的联系，不仅会误导公众，而且会使路易威登马利蒂的利益受到损害。十里洋坊酒吧的行为构成对注册商标专用权的侵犯。

2. 商品展出者的责任承担

典型案例：米其林集团总公司（以下简称"米其林公司"）诉汕头市澄海区澄华锦晖隆电子玩具厂（以下简称"锦晖隆玩具厂"）、汕头市澄海区万宝塑料玩具厂有限公司（以下简称"万宝公司"）侵害商标权纠纷案。[1]

基本案情：米其林公司是第4950373号" MICHELIN "注册商标的权利人。该公司在2014年广交会上向万宝公司发送律师函要求其停止展出涉嫌侵犯米其林公司商标权的玩具车及销毁侵权产品，万宝公司对此出具了保证书承诺不再展出侵权产品并监督生产厂家停止生产行为；2016年广交会上米其林公司发现万宝公司再次展出使用了第4950373号" MICHELIN "注册商标的被诉侵权产品。据此，米其林公司主张万宝公司与锦晖隆玩具厂共同侵犯了该注册商标的专用权。该案的争议焦点之一在于，万宝公司是否故意帮助锦晖隆玩具厂实施侵犯商标专用权行为，应当在相应范围内与其承担连带赔偿责任。

法院裁判：广州知识产权法院认为，依据《商标法》第五十七条第（六）项的规定，认定行为者构成商标侵权，应当满足三个条件：有侵犯他人注册商标专用权行为的存在；行为者客观上为该商标侵权行为提供了便利条件；行为者主观上构成故意。在该案中，万宝公司曾在2014年第115届中国进出口商品交易会上展出涉嫌侵犯米其林公司商标权的玩具车，米其林公司对此向广交会知识产权和贸易纠纷投诉站进行投诉，并以发送律师函的方式

---

[1] 参见广东省广州市海珠区人民法院（2016）粤0105民初9925号、广州知识产权法院（2018）粤73民终14号民事判决书。

要求万宝公司停止侵权行为及销毁侵权产品，万宝公司对此出具了保证书承诺不再展出侵权产品并监督生产厂家停止生产行为。但万宝公司又在2016年第119届广交会自己的摊位上为锦晖隆玩具厂展出上述被诉商品提供展位，主观上应认定为故意。故此，万宝公司构成故意为侵害他人商标专用权提供便利条件，帮助他人实施侵害商标专用权的行为，与锦晖隆玩具厂构成共同侵权。但需明确，万宝公司帮助侵权的对象仅为第4950373号" MICHELIN "注册商标，帮助的侵权行为仅限于锦晖隆玩具厂的展出行为。万宝公司与锦晖隆玩具厂在展出侵权商品这一行为上构成共同侵权，应当在相应的范围内与锦晖隆玩具厂承担连带赔偿责任。

3. 商标性使用的认定规则

典型案例：米其林公司诉宁波嘉琪工艺品有限公司（以下简称"嘉琪工艺品公司"）侵害商标权纠纷案。❶

基本案情：米其林公司是第4950373号" MICHELIN "、第659991号" "注册商标的专用权人。米其林公司明确其主张嘉琪工艺品公司的侵权行为指的是嘉琪工艺品公司在第119届中国进出口商品交易会上展示的产品目录页码9的内容页使用的产品图案之一" "（以下简称"案涉图案1"）；页码52的内容页使用的产品图案之一" "（以下简称"案涉图案2"）——该两案涉图案上使用了与其第659991号、第4950373号注册商标相似的标识。嘉琪工艺品公司认为其宣传册上的图案与米其林公司的商标不相同且不相近似，不构成商标侵权。该案的争议焦点之一在于，案涉图案1、案涉图案2的使用是否构成商标性使用。

法院裁判：广州知识产权法院认为，《商标法》第四十八条规定，"本法所称商标的使用，是指将商标用于商品、商品包装或者容器以及商品交易文书上，或者将商标用于广告宣传、展览以及其他商业活动中，用于识别商品来源的行为"。该案中嘉琪工艺品公司虽将案涉图案1、2印制在其产品宣传

---

❶ 参见广州市海珠区人民法院（2016）粤0105民初第8997号、广州知识产权法院（2017）粤73民终1013号民事判决书。

册上，但从该宣传册的内容上看，嘉琪工艺品公司是将该公司的产品印制在宣传册上，案涉图案1、2实际上代表的是众多产品中的某款产品，案涉图案1、2并非"用于识别商品来源"，而是某款产品的展示。所以，判断该图案印制在宣传册上是否构成商标性使用，应从案涉图案指向的产品本身进行分析。首先，案涉图案所指向的产品上并没有标签或其他标识"用于识别商品来源"；其次，该产品也并非商标本身，案涉商标为平面商标而非立体商标，案涉图案2指向的产品是立体模型，该立体模型不会与案涉商标构成同一商标或相似商标；最后，即使消费者购买案涉图案指向的产品是因为该商品所用动漫形象，也不是因为商标引起的混淆。因此，应认定嘉琪工艺品公司将案涉图案1、2印制在宣传册中不构成商标性使用。

4. 商标近似的对比规则

典型案例：路易威登马利蒂诉胡某某侵害商标权纠纷案。[1]

基本案情：路易威登马利蒂是第241081号"ᴸᵥ"注册商标的权利人。胡某某为个体工商户十里洋坊酒吧的经营者。路易威登马利蒂认为十里洋坊在酒吧服务中使用的含有"LV"的多种商标标识与路易威登马利蒂第241081号注册商标"ᴸᵥ"近似，指控十里洋坊酒吧的商标侵权行为是该酒吧在经营中突出使用含有"LV"的多种商标标识。胡某某认为其在十里洋坊酒吧经营过程中使用的含有"LV"的标识，"L"和"V"两个字母是并列的，没有任何重叠部分；路易威登马利蒂第241081号注册商标仅有两个字母，"L"和"V"字母是重叠在一起的，主张两者无论整体外观还是部分外观均不相似，不构成"商标近似"。该案争议焦点之一在于，十里洋坊酒吧使用的多种含有"LV"的被诉侵权标识是否与涉案商标近似。

法院裁判：广东省高级人民法院认为，根据《最高人民法院关于审理商标民事纠纷案件适用法律若干问题的解释》第九条规定，商标近似是指被控侵权的商标与原告的注册商标相比较，其文字的字形、读音、含义或者图形

---

[1] 参见广州知识产权法院（2015）粤知法商民初字第50号、广东省高级人民法院（2018）粤民终570号民事判决书。

的构图及颜色，或者其各要素组合后的整体结构相似，或者其立体形状、颜色组合近似，易使相关公众对商品的来源产生误认或者认为其来源与原告注册商标的商品有特定的联系。其第十条规定，人民法院认定商标相同或者近似按照以下原则进行：（1）以相关公众的一般注意力为标准；（2）既要进行对商标的整体比对，又要进行对商标主要部分的比对，比对应当在比对对象隔离的状态下分别进行；（3）判断商标是否近似，应当考虑请求保护注册商标的显著性和知名度。据此，禁止造成相关公众的混淆与误认是处理涉及商标、商品装潢等商业标识类商标侵权或不正当竞争纠纷的重要原则之一，其目的和价值是为了激励创新，保护消费者不受欺诈和误导，维护诚信公平的竞争秩序，维护公认的商业道德与交易的稳定性、安全感。对于是否会造成混淆与误认，应当以相关公众的一般注意力来判断。

涉案"V"注册商标中的"LV"并非人们熟悉的简单词汇，除了表示路易威登马利蒂创始人路易威登的首字母，表明商品的来源外，本身无任何词汇含义，具有强显著性。虽然十里洋坊酒吧使用部分标识与涉案注册商标在字母组成上不尽相同，但"CLUB""HUIZHOU""FASHION"等词汇在商标标识中表示服务的类别、来源或属性，并不具有显著性，"LV"在上述多种标识中发挥了主要的识别作用。尽管被诉标识与涉案商标中的"LV"标识在字母排列方式上存在区别，但鉴于"V"注册商标具有较高的知名度和显著性，且十里洋坊酒吧在其经营场所、微信公众号等处宣称其提供的服务来自"欧洲顶级夜店品牌"，相关公众施以一般的注意力，容易对该案酒吧服务的来源产生误认或者认为其来源与路易威登马利蒂有特定的联系。综上所述，十里洋坊酒吧在经营中使用的"LV""CLUB LV""LV CLUB"等商标标识与涉案商标构成近似。

5. **市场管理者的责任承担**

典型案例：香奈儿股份有限公司（CHANEL）（以下简称"香奈儿公司"）诉广州羿丰置业有限公司（以下简称"羿丰公司"）、广州白云世界皮具贸易中心市场经营管理有限公司（以下简称"皮具市场管理公司"）、周某某侵害商标权纠纷案。[1]

基本案情：香奈儿公司是第145865号"CHANEL"、第793287号"○○"和第145863号"○○"注册商标的权利人。该公司发现在羿丰公司开办的广州白云世界皮具贸易中心内，周某某租赁的涉案商铺在未经皮具市场管理公司服务管理下销售了侵害香奈儿公司享有前述注册商标专用权的被诉侵权产品。香奈儿公司据此主张皮具市场管理公司未尽市场管理义务放任市场内侵权行为发生，要求皮具市场管理公司与羿丰公司、周某某承担连带赔偿责任。皮具市场管理公司以其非与涉案商铺签订《商铺租赁合同》《市场管理规定》的合同相对人，对涉案商铺不具有约定的市场管理义务，且未收到香奈儿公司的律师函而对涉案商铺的侵权行为不知情为由认为其未故意帮助侵害香奈儿公司的注册商标专用权，不承担侵权责任。该案争议的焦点之一在于，皮具市场管理公司是否与羿丰公司、周某某共同侵权，应当承担连带赔偿责任。

法院裁判：皮具市场管理公司在涉案市场正常开放经营的情况下，其未根据由法律法规、自身资质、设立目的、经营范围和业务职责等方面所展现和公示的民事权利能力和行为能力，开展服务管理的经营活动，是主观上故意为之的行为，且该主观故意涉及应开展而未开展服务管理活动的所有范围，当然包括涉案商铺。虽然香奈儿公司只将律师函发给羿丰公司，但法院认为，皮具市场管理公司作为市场开办方羿丰公司专门设立的市场服务管理机构，如果其有服务管理的积极主观状态，对于如此大规模的保全公证和香奈儿公司的律师函是易于知晓的，羿丰公司亦有义务将其所收到的与市场服务管理机构相关的法律文件告知皮具市场管理公司，故不能证明其主观不存在应知或明知的故意。客观上，涉案商铺在其应服务管理的市场范围内侵犯他人商标权，皮具市场管理公司构成为涉案商铺提供了疏于管理的交易市场之便利条件。综上所述，皮具市场管理公司该案行为符合帮助侵害商标权的构成要件，应承担连带赔偿责任。

---

[1] 参见广东省广州市白云区人民法院（2017）粤0111民初145号、广州知识产权法院（2018）粤73民终1766号民事判决书。

此外，法院认为，该案非合同纠纷案件，皮具市场管理公司不能以其不是《商铺租赁合同》和《市场管理规定》的合同当事人，未实际参与监督管理不知情进行抗辩；皮具市场管理公司承担民事侵权责任的基础是法律法规确定的其主体资质、经营范围、相关职责等民事权利能力和行为能力，以及民事侵权行为构成要件，具有对世性，而非合同的相对性，可以用于认定其主观是否存在故意。这种主观故意的认定和相应的责任认定，并不因为皮具市场管理公司没有参与实际经营管理，不是租赁合同和管理规定的当事人而认定其主观不存在故意；也不因市场开办方羿丰公司是否实际在履行管理职责，而免去它作为市场服务管理机构在民事行为中的主观注意义务和导致的侵权责任，更何况羿丰公司该案行为亦构成帮助侵权。

6. 知名商品的特有装潢认定

典型案例：新平衡运动鞋公司（以下简称"新平衡公司"）诉广州新百伦领跑鞋业有限公司（以下简称"新百伦公司"）、广州蓝鱼鞋业有限公司（以下简称"蓝鱼公司"）侵害商标权及不正当竞争纠纷案。❶

基本案情：新平衡公司是第 175151 号注册商标" "、第 175153 号注册商标"NEW BALANCE"的权利人。新平衡公司主张其中"N"为新平衡公司 NEW BALANCE 名称的首字缩写，是该商标的主要识别部分，使用在运动鞋的鞋两侧靠近鞋带处（ ），十分醒目；且认为根据上海市黄浦区人民法院在（2010）黄民三（知）初字第 368 号判决书认定，2007 年之前，新平衡公司的运动鞋已经成为知名商品；运动鞋两侧使用的"N"字母经过长期使用和广泛宣传已经成为新平衡公司知名商品固定使用的特有的装潢标识。新平衡公司认为新百伦公司、蓝鱼公司在其生产销售的运动鞋商品上使用"N"字母标识侵害了新平衡公司知名商品特有装潢标识，构成不正当竞争行为：新百伦公司、蓝鱼公司在其产品中使用的标识并不是新百伦公司享有商标专用权的第 4897840 号" "及其主张的第 14206628 号" "商标，新

---

❶ 参见广东省广州市越秀区人民法院（2015）穗越法知民初字第 316 号、广州知识产权法院（2017）粤 73 民终 1 号民事判决书。

百伦公司、蓝鱼公司故意将"N"字母突出使用，淡化背景的星星图案，并将星星的颜色与鞋的颜色形成相同，商标的整体视觉效果为大写粗体"N"字母，使用在运动鞋的相同位置上与新平衡公司"N"字母装潢设计完全相同或极为近似，以此误导相关消费者。新百伦公司辩称其在运动鞋两侧中央位置使用的"N及五角星"标识，系使用其享有注册商标专用权的第4897840号"N"注册商标以及尚未核准注册的"N"，是正当使用。该案的争议焦点之一在于，新百伦公司和蓝鱼公司是否实施了擅自使用他人知名商品特有装潢的不正当竞争行为。

法院裁判：广州知识产权法院认为，从《反不正当竞争法》（1993年12月1日起实施）第五条以及《最高人民法院关于审理反不正当竞争民事案件应用法律若干问题的解释》第二条可知，知名商品的知名度并不必然得出装潢的特有性，装潢的特有性来源于其具备了区别商品来源的显著特征的商品的装潢的条件。

新平衡公司主张的"N"字母起到装饰商品的作用，属于商品的装潢。"new balance"运动鞋具有较高的市场知名度，消费者对其产品装潢较为熟悉，但是法院认为不能就此认定"N"字母具备了区别商品来源的显著特征的商品的装潢的条件。在能够主张商标法保护的情况下，应当适用特别法商标法而非不正当竞争法。该案中，新平衡公司表达了其在鞋帮两侧使用"N"字母是对其注册商标的使用，且在鞋帮两侧使用注册商标，亦是运动鞋行业的习惯做法。商标权和知名商品特有装潢，权利属性不同，对知名商品特有装潢边界的扩大，其实是对知名商品知识产权保护边界的扩大。进而，"N"字母本身近乎于印刷体，不具有显著性；鞋帮两侧为英文字母并不是新平衡公司的独创；"N"字母仅是"new balance"运动鞋整体装潢中的一部分。

综上所述，法院认为新平衡公司现有证据不足以证明其主张的鞋帮两侧的"N"字母本身具备了区别商品来源的作用，不构成知名商品的特有装潢。

7. 被侵犯注册商标专用权商标的虚假宣传认定

典型案例：恒利国际服装（香港）有限公司（以下简称"恒利公司"）诉杰薄斯贸易（上海）有限公司（以下简称"杰薄斯公司"）、艾克玛特集团有限公司（以下简称"艾克玛特公司"）、广州韩兜贸易有限公司（以下简称"韩兜公司"）、徐慧侵害商标权及不正当竞争纠纷案。❶

基本案情：恒利公司是第 7567526 号"*Orangeflower*"、第 9395844 号"ORANGEFLOWER"注册商标的专用权人，该公司认为杰薄斯公司、艾克玛特公司在二者经营的 www.thejamy.com 网站上销售侵害恒利公司商标权的商品，称被诉侵权产品来源于"韩国代购正品验证"，属于在其经营的网站上作引人误解的虚假宣传，要求杰薄斯公司、艾克玛特公司共同承担相应的侵权责任。该案的争议焦点之一在于，杰薄斯公司、艾克玛特公司是否因其在 www.thejamy.com 网站上的虚假宣传而应承担相应的侵权责任。

法院裁判：广州省高级人民法院认为，根据《最高人民法院关于审理不正当竞争民事案件应用法律若干问题的解释》第八条规定，经营者以其他引人误解的方式进行商品宣传，足以造成相关公众误解的，可以认定为《反不正当竞争法》第九条第一款规定的引人误解的虚假宣传行为。根据再审查明的事实，由于杰薄斯公司销售的与"orange flower"近似标识的服装确实来源于韩国，其在网站上称来源于"韩国代购正品验证"的内容是客观事实。但是这种陈述，脱离了"orange flower"及图是中国注册商标的基本事实，容易使相关公众认为"orange flower"及图是韩国注册商标，其商标权人是韩国人，依然会引起相关公众的误解。法院根据日常生活经验、相关公众一般注意力、发生误解的事实和被宣传对象的实际情况等因素，认为涉案行为依然构成反不正当竞争法禁止的虚假宣传行为。

8. 反不正当竞争法保护范围的认定

典型案例：美商 NBA 产物股份有限公司（以下简称"美商公司"）、上海蛙扑网络技术有限公司（以下简称"蛙扑公司"）诉成都蓝飞互娱科技有限公司（以下简称"蓝飞公司"）、青岛零线互动网络技术有限公司（以下简称"零线公司"）、广州畅悦网络科技有限公司（以下简称"畅悦公司"）侵害商

---

❶ 参见广东省高级人民法院（2017）粤民再 288 号民事判决书。

标权及不正当竞争纠纷案。[1]

基本案情：美商公司在中国对 NBA 标识及 NBA 球队名称和队标享有商标权，注册的类别包括第 9 类计算机软件、第 18 类箱包、第 25 类服装、第 41 类组织体育比赛等。蛙扑公司于 2015 年 10 月 22 日得到美商公司授权，有权在中国大陆的卡牌类手机游戏上使用 NBA 标识、NBA 集体肖像权、NBA 特征识别库，并使用"NBA 官方授权手机游戏"字样。2013 年 12 月 5 日，萌卡篮球游戏软件首次发表，在中国版权保护中心网站登记的著作权人是零线公司，该游戏将大量 NBA 识别元素运用于整个游戏中，游戏中的大量球员、教练、管理层人物形象乃至相关姓名、绰号和技术特点，球队名称、清单和队标均与美商公司现实运营的 NBA 球队相对应，蓝飞公司与零线公司共同经营被诉游戏。畅悦公司在其运营的手游通平台上提供《萌卡篮球》游戏，2015 年 7 月 20 日，美商公司通过邮政快递向畅悦公司邮寄《投诉函》要求畅悦公司依法履行网络服务提供者的"通知—删除"义务，在收到该函之日起 3 日内删除《萌卡篮球》游戏的下载链接，停止提供《萌卡篮球》游戏下载服务。2015 年 7 月 21 日，该邮件妥投签收。2016 年 3 月畅悦公司称已经删除《萌卡篮球》游戏链接，美商公司、蛙扑公司予以确认。美商公司、蛙扑公司据此主张蓝飞公司、零线公司与其构成不正当竞争，畅悦公司与蓝飞公司、零线公司共同侵权，三公司承担连带赔偿责任。该案的争议焦点之一在于，美商公司主张的权益是否受到反不正当竞争法的保护。

法院裁判：广东省高级人民法院认为，美商公司在该案所主张的权益应受到《反不正当竞争法》保护。蓝飞公司和零线公司上诉认为，NBA 特征识别库并非法定权利，不能受到《反不正当竞争法》保护，对此法院认为：《反不正当竞争法》保护的是经营者的合法权益而并不限于法定权利，即使经营者主张保护的不属于法定权利，亦有可能作为民事合法利益予以保护。该案中，美商公司《公司注册证明》记载公司组建目的系获得美国职业篮球联盟、

---

[1] 参见广州知识产权法院（2015）粤知法商民初字第 64 号、广东省高级人民法院（2017）粤民终 1395 号民事判决书。

俱乐部、协会及其成员相关识别标志权利,并进行广告推广、产品或服务制造、营销等商业化运用,美商公司提供的商标注册证表明其在中国对NBA标识及NBA球队名称和队标享有商标权,这在法律文件上明确了相关标识和权利的所有者,也在事实上说明美商公司对NBA联盟和球队的商业化运营将直接影响到其所享有的相关标识的商业价值和经济利益。美商公司提出证据证明在其多年投入经营和维护下,NBA联盟、球队和相关标识已经在中国具有极高知名度和极大号召力,并在经营NBA联盟及球队的过程中也通过宣传相关球员、教练和管理层个体形象来吸引相关公众,进而树立和维护NBA集体的相关形象。这些富有诸多个性特征与共同特征的人物形象、特征要素、标识集合在一起,使相关公众首先联想到的,已经不是某一具体个体,而是NBA集体形象。因此,这种众多识别元素集合,即美商公司在该案中所主张的NBA特征识别库,已经与NBA集体形象建立起稳定的指向关系与对应关系。此外,美商公司提交的商标注册证、对外授权合同、相关游戏软件等,证明美商公司将NBA集体形象产生的商品化利益积极运营于衍生行业领域,并至少已在游戏这一行业领域上进行了商业化运营。当这些代表NBA集体形象的NBA识别特征元素集合与游戏进行商业结合时,相关游戏显然将凭借NBA联盟的知名度与号召力而获得较高商业机会和商业价值。这种因经营NBA集体形象而带来的商业机会和商业价值,是应当得到法律保护的。至于蓝飞公司和零线公司所主张的相关识别元素应由相关个人进行维权的问题,法院认为,该案中美商公司主张保护是由NBA众多成员个体形象、特征要素与标识共同组合而指向的NBA整体形象,因此由运营维护NBA并对相关标识享有权益的美商公司寻求法律救济,并不存在法律障碍,不需要逐一获得相关个体的额外授权。如果依蓝飞公司和零线公司所言,将美商公司主张的权益逐一分解成各个体形象、标识和要素并相互孤立,而让相关个体来进行逐一维权,相关个体显然只能制止与自己权益相关的行为,而不能制止其他与NBA相关的行为,这显然无法解决其他众多识别元素的存在使NBA集体形象受损的问题。因此,蓝飞公司和零线公司上诉主张不能成立,法院不予支持。

（三）涉外著作权纠纷典型案例及裁判规则

1. 服装产品著作权中的共同侵权问题认定

典型案例：广东天海花边有限公司（以下简称"广东天海公司"）、广州市天海花边有限公司（以下简称"广州天海公司"）、TIANHAI LACE USA INC 公司诉苏州华龙针织品有限公司、深圳玛丝菲尔时装股份有限公司（以下简称"玛丝菲尔公司"）服装著作权侵权案。❶

基本案情：天海花边三公司系花型图案 A0342 的著作权人。玛丝菲尔公司在采购华龙公司面料后进行加工并生产出自身品牌的黑色蕾丝上衣，后天海花边三公司认为被控侵权服装上所使用的图案与其作品花型 A0342 的图案是一致的，并诉华龙公司与玛丝菲尔公司，确认其侵犯服装图案的复制发行权且要求其承担连带赔偿责任。

法院裁判：广州知识产权法院认为，该案关键在于认定华龙公司是否实施了共同侵权的行为。首先，通过玛丝菲尔公司提供的采购合同、质检报告显示其向华龙公司采购了一批颜色为黑色的蕾丝面料，但是仅能证明玛丝菲尔公司向华龙公司采购了黑色的蕾丝面料，即使华龙公司生产的黑色蕾丝面料花稿与 A0342 花型图案作品一致，但由于被诉服装蕾丝面料颜色为绿色，故仅凭采购合同、质检报告不足以证明被诉服装面料来源于华龙公司。其次，玛丝菲尔公司主张华龙公司于 2013 年 12 月 25 日交付了 2950 米绿色蕾丝面料，其于 2016 年 4 月份左右将剩余的 800 多米绿色蕾丝面料交给芳成公司改成黑色，并提供电子邮件、短信、发票、付款申请表、改色前花稿（绿色）实物、改色后花稿（黑色）实物等证据拟证明其前述主张。关于电子邮件和短信，即使前述邮件及短信内容真实且确为玛丝菲尔公司、华龙公司员工往来信息，但从前述邮件和短信的内容来看，华龙公司并未确认其提供了被诉服装面料，故前述邮件和短信并不能证实被诉服装面料的来源。关于发票、付款申请表、改色前花稿（绿色）实物、改色后花稿（黑色）实物，结合采

---

❶ 参见广东省广州市天河区人民法院（2017）粤 0106 民初 8215 号、广州知识产权法院（2018）粤 73 民终 2502 号民事判决书。

购合同、检验报告，各个证据所载面料等存在如下差异：其一，从面料成分看，改色前花稿的成分与改色后花稿的成分存在差异，而被诉服装面料的成分与采购合同、检验报告所记载的面料成分亦不一致；其二，从面料数量来看，改色前面料数量为 868 米，改色后面料数量是 912 米，而付款申请表记载的面料数量是 876.5 米。故，现有证据不能相互印证，且发票、付款申请表、改色前花稿（绿色）实物、改色后花稿（黑色）实物均系玛丝菲尔公司自行制作，在没有其他证据佐证改色后的 800 多米面料来自于华龙公司生产的 2950 米蕾丝面料，前述证据不能证实改色前后花稿面料与华龙公司生产的蕾丝面料存在关联。进而根据《最高人民法院关于〈中华人民共和国民事诉讼法〉的解释》第一百零八条第一款关于"对负有举证证明责任的当事人提供的证据，人民法院经审查并结合相关事实，确信待证事实的存在具有高度可能性的，应当认定该事实存在"的规定，现有证据尚未达到"待证事实的存在具有高度可能性"的民事证明标准，故对玛丝菲尔公司主张华龙公司依合同提供的绿色蕾丝面料中剩余的约 800 米布料委托芳成公司改成黑色后生产了被诉服装的主张，不予支持。而且由于现有证据不能证实被诉服装面料由华龙公司生产、销售，一审法院认定华龙公司实施了侵害天海花边三公司对涉案"A0342"花型图案作品享有的复制权、发行权，依据不足，不予支持。因此，华龙公司不承担共同侵权的责任。

2. 软件著作权对比规则

典型案例：奥托恩姆科技有限公司（以下简称"奥托恩姆有限公司"）诉深圳市赛邦科技有限公司侵害计算机软件著作权纠纷再审案。❶

基本案情：奥托恩姆公司是涉案 MDaemon12.5.6 版本软件在内的 MDaemon 系列软件的著作权人。奥托恩姆公司主张赛邦有限公司安装的涉案软件侵犯了其著作权，并提供了使用 Telnet 命令进行取证的公证书等证据证明。赛邦公司则主张其使用的是该版本的免费版本，不构成侵权。该案争议的焦点之一在于，奥托恩姆公司通过 Telnet 命令所反馈的涉案软件身份信息是否

---

❶ 广东省高级人民法院（2017）粤民再 464 号民事判决书。

足以证明赛邦公司网站安装了该涉案软件。

法院裁判：广东省高级人民法院认为，首先，该案原审原告运用 Telnet 方式取证，但根据《最高人民法院关于适用〈中华人民共和国民事诉讼法〉的解释》第一百零八条规定："对负有举证证明责任的当事人提供的证据，人民法院经审查并结合相关事实，确信待证事实的存在具有高度可能性的，应当认定该事实存在。"据此，虽然 Telnet 命令探测后的反馈信息与待证事实之间不具有确定性和唯一性；但是，若该反馈信息与待证事实之间存在高度可能性，仍应认定负有举证证明责任的当事人完成了举证证明责任。故此，涉及 Telnet 远程取证的案件，必须结合全案证据具体情况具体分析，不能笼统以 Telnet 远程取证方式与待证事实之间不具有确定性和唯一性为由不支持权利人的诉请。其次，基于 Telnet 取证方式有其局限性，探测后获得的反馈信息十分有限，无法直接判断探测的服务器上安装、使用的是软件付费版、试用版还是免费版，加之赛邦公司抗辩其使用的是涉案软件的免费版，接着奥托恩姆公司通过两份公证书进行举证，这两份公证书系对安装该公司 MDaemon11.0.3 软件免费版和试用版之后进行 Telnet 测试的过程及结果进行的公证。两份公证书分别显示，在公证处的计算机上安装了 MDaemon11.0.3 软件免费版后进行 Telnet 探测，获得的反馈信息中包含"免费"字样，在公证处的计算机上安装了 MDaemon11.0.3 软件试用版后进行 Telnet 探测，获得的反馈信息中包含了"UNREGISTERED"字样。奥托恩姆公司据此主张，MDaemon11.0.3 软件发布时间在涉案软件之前，既然 MDaemon11.0.3 软件已经以"免费"和"UNREGISTERED"字样对免费版、试用版与正式版进行了区分，则在后发布的涉案软件亦同样进行了区分，而该公司在一审诉讼前两次对赛邦公司域名指向的服务器 25 端口进行 Telnet 探测，反馈信息均未包含英文"free"或中文"免费"字样，即说明赛邦公司安装并使用的并非涉案软件的免费版。因此，在奥托恩姆公司提交的证据已经可以高度盖然性地证明其主张的情况下，法院认为赛邦公司未经奥托恩姆公司的许可安装并使用了涉案软件构成侵权，应承担相应的侵权责任。

3. 善意销售商不需要承担损害赔偿责任

典型案例：弓箭控股公司（ARCHOLDINGS）（以下简称"弓箭公司"）诉湖北威克贸易有限公司（以下简称"威克公司"）著作权权属、侵权纠纷案。[1]

基本案情：弓箭公司是作品 Lady Diamond（淑钻系列 2009）的著作权人。弓箭公司主张威客公司在广交会期间展出的产品玻璃杯侵犯其著作权，并提供了公证书等相关证据，但威克公司主张其系合法进货，不应当承担损害赔偿的责任。该案的焦点之一在于威克公司是否是善意的销售商，即无须承担赔偿责任。

法院裁判：该案一审过程中，威克公司虽提供《授权经销合同书》证明该展品由案外人康泰玻业公司提供，但涉案侵权产品杯身上贴有的标识玉晶 YUJING 与该公司没有任何关系，该公司也没有到庭作证，所以对威克公司称其展销产品有合法来源，展销行为没有侵犯弓箭公司著作权的辩解理由，一审法院不予采纳，故判决威客公司应当承担损害赔偿责任，但威客公司不服判决进而上诉。

该案二审期间，根据威克公司的采购方康泰玻业公司出具的情况说明及康泰玻业公司工作人员的出庭证言可知，康泰玻业公司确认涉案被控侵权产品是其生产并提供给威克公司的，而康泰玻业公司亦于 2014 年 1 月 20 日向国家知识产权局申请名称为玻璃杯（KTY6224）的外观设计专利，该专利的授权外观设计与涉案被控侵权产品的外观设计一致，康泰玻业公司又于 2014 年 12 月 20 日发出更改货号的通知，将货号 KTY6224 更改为 LZ010601，而康泰玻业公司生产的品名为菱形纹水杯（小号）的玻璃杯的货号即为 LZ010601，且产品包装上显示的该玻璃杯的外观与被控侵权产品一致，上述一系列证据亦可以形成较为完整的证据链佐证康泰玻业公司关于被控侵权产品是由其生产的主张。再根据威克公司提交的其与康泰玻业公司签订的《授权经销合同

---

[1] 参见广州市海珠区人民法院（2017）粤 0105 民初 2658 号、广州知识产权法院（2018）粤 73 民终 1820 号民事判决书。

书》可以证明威克公司与康泰玻业公司之间是经销关系。而且被控侵权产品上只显示有"指南针compass"的商标标识，根据该案现有证据，并无法证明威克公司与该商标标识或该商标标识的注册申请人之间具有关联性，且威克公司是一家贸易公司，并不具有生产被控侵权产品的能力。故而综上所述，威克公司作为被控侵权产品的展销者，法院对其合法来源抗辩予以支持，继而根据《著作权法》第五十三条和《民事诉讼法》第一百七十条第一款第（二）项之规定，认定威客公司属于善意销售，但应当停止侵害。

4. 摄影作品与美术作品保护对比

典型案例：意大利弗拉股份公司（FURLA S. P. A.）（以下简称"弗拉公司"）诉东莞市时进实业有限公司（以下简称"时进公司"）、罗某德、罗某峰侵害著作权以及擅自使用知名商品特有名称、包装、装潢纠纷案。[1]

基本案情：弗拉公司是作品"Furla Candy Bag"的著作权人，弗拉公司主张罗某德、罗某峰、时进公司所销售的女士手提包侵犯了其美术作品"Pisidia"手提包的复制权和发行权，同时侵犯了其知名商品特有装潢，该案的焦点之一是涉案作品属于摄影作品还是美术作品。

法院裁判：时进公司上诉主张涉案"FURLA CANDY BAG"作品属于摄影作品，而非美术作品。广东省高级人民法院认为，《著作权法实施条例》第四条第（十）项规定，摄影作品是指借助器械在感光材料或者其他介质上记录客观物体形象的艺术作品。摄影作品虽然需要借助照相器材、感光材料和数码技术等，但是在拍摄过程和后期制作过程中仍为拍摄者留下了充分展示其个性和智力创造力的空间。构成著作权法意义上的摄影作品，必须具有某种程度的艺术表现形式，通过构图、背景、色彩、光线、明暗对比，体现出作品表现主题和内涵，反映出作者独特的审美眼光和艺术视角。但是在该案中，弗拉公司明确以"FURLA CANDY BAG"作为请求保护的客体，并以著作权登记证书中记载的图片作为该款糖果包的信息载体。因此法院确定，弗

---

[1] 参见广东省深圳市中级人民法院（2014）深中法知民初字第486号、广东省高级人民法院（2017）粤民终3097号民事判决书。

拉公司请求保护的是糖果包产品而非对糖果包进行拍摄所形成的摄影作品。进而根据《著作权法实施条例》第四条第（八）项规定，美术作品是指绘画、书法、雕塑等以线条、色彩或者其他方式构成的有审美意义的平面或者立体的造型艺术作品。在司法实践中，对实用艺术品通常纳入美术作品范畴予以保护。实用艺术品的"实用性"方面是指对于物品的用途、功能、作用来说，可能涉及物品的质料、结构、成分等，不属于著作权法的保护范畴；而实用艺术品的"艺术"方面，则是指物品的艺术造型、外观设计、色彩装饰等就物品的外观所作出的富有美感的艺术表述。著作权法对于实用艺术品的保护，是保护它的构成作品的艺术性方面。就该案而言，"FURLA CANDY BAG"系女士手提包，虽然手提包各个组成部分具有实用性，并没有创造性，但各个部分的具体设计细节赋予手提包内涵。因此法院认定涉案女士手提包的设计区别于以往的女士手提包，具有艺术性和独创性，符合著作权法对于美术作品独创性及艺术美感的要求，属于实用艺术品并应当作为美术作品予以保护。时进公司上诉主张涉案"FURLA CANDY BAG"作品属于摄影作品，没有事实和法律依据，不予支持。时进公司上诉认为女士包属于产品，只能通过外观设计专利权的途径予以保护。该主张不符合我国《著作权法》关于实用艺术品保护的相关规定，不予支持。

（四）涉外知识产权程序问题典型案例及裁判规则

1. 确认不侵权之诉的受理条件

典型案例：广州王老吉大健康产业有限公司（以下简称"大健康公司"）诉王老吉有限公司（以下简称"王老吉公司"）确认不侵害商标权纠纷案。[1]

基本案情：王老吉公司和大健康公司对大健康公司有无侵害王老吉公司"吉庆时分"注册商标专用权发生争议，大健康公司以王老吉公司为被告，于2012年向广州市中级人民法院提起确认不侵害商标权诉讼。而后王老吉公司不服一审判决，向广州知识产权法院提起上诉，并以《最高人民法院关于审

---

[1] 参见广州市中级人民法院（2012）穗中法知民初字第264号、广东省高级人民法院（2016）粤民终240号民事判决书。

理侵犯专利权纠纷案件应用法律若干问题的解释》第十八条为依据，认为大健康公司未依法书面催告王老吉公司行使诉权，因此该案不符合确认不侵害商标权的受理条件为由请求驳回大健康公司的起诉。

法院裁判：广州知识产权法院认为，在商标领域对不侵权受理条件尚未有法律规定，一般情况下可以参照专利法司法解释第十八条规定执行。《最高人民法院关于审理侵犯专利权纠纷案件应用法律若干问题的解释》第十八条规定："权利人向他人发出侵犯专利权的警告，被警告人或者利害关系人经书面催告权利人行使诉权，自权利人收到该书面催告之日起一个月内或者自书面催告发出之日起二个月内，权利人不撤回警告也不提起诉讼，被警告人或者利害关系人向人民法院提起请求确认其行为不侵犯专利权的诉讼的，人民法院应当受理。"但是，确认不侵权之诉的立法目的在于规制权利人怠于行使诉权使得被警告人处于不安状态。为了防止被警告人动辄提起确认不侵权之诉，在确认不侵权之诉受理条件中，有必要设置被警告人向权利人催告行使权利的程序，以及留给权利人提起侵权之诉的合理期限。所以对于前述规定的催告程序，不宜机械地适用，应当结合确认不侵权之诉的立法目的，根据个案具体情况，妥当地理解和适用，以恰当平衡双方当事人的利益。

在该案中，王老吉公司于诉讼前在多地向工商行政管理部门投诉，且在媒体上宣传大健康公司侵权，因此大健康公司遭受王老吉公司侵权警告的事实确实存在。另外，大健康公司代理人于一审起诉之后不久向王老吉公司发出《律师催告函》，王老吉已知大健康公司维权行为。但是在该案历经的管辖权异议及其上诉期间，直至一审法院实体审理开庭辩论终结之前，王老吉公司一直未提起侵权之诉或者撤回警告。而且，无论是一审还是二审，王老吉公司始终主张大健康公司侵害其商标权，可见，大健康公司仍然明显处于王老吉公司侵权警告的不安之中。大健康公司在王老吉公司仅仅投诉其经销商，其无法参与到行政程序中主张权益的情况下，未经诉前书面催告程序而直接提起确认不侵害商标权之诉，以尽快明确双方权利边界，有其合理之处。因此大健康公司的起诉符合确认不侵犯商标权纠纷的受理条件。

2. Telnet 远程取证方式的证明力认定

典型案例：奥托恩姆科技有限公司（以下简称"奥托恩姆公司"）诉深圳市冠智达实业有限公司（以下简称"冠智达公司"）侵害计算机软件著作权纠纷案。[1]

基本案情：奥托恩姆公司是"MDAEMON"计算机邮件服务器软件的权利人，其以冠智达公司使用盗版的 MDaemon 10.1.1 版本软件（以下简称"涉案软件"）为由，提起诉讼，请求判令冠智达公司停止侵权，赔偿其 30 万元并公开赔礼道歉。为证明其主张，奥托恩姆公司提供了分别于 2013 年 8 月 21 日和 2013 年 10 月 21 日作出的利用了 Telnet 程序取证的公证书。公证书保全内容均显示，公证人员通过在计算机"开始"项下的"运行（R）"程序中输入"telnet mail.greemco.com 25"命令，弹出的对话框显示"220 mail.cti.net.cn ESMTP MDaemon 10.1.1"。奥托恩姆公司由此认定被诉侵权软件与涉案软件为相同软件，并认为其已经完成举证责任。冠智达公司则辩称 Telnet 远程取证结果可以人为修改，不能证明冠智达公司构成侵权，且 Telnet 取证反馈信息包含的"mail.cti.net.cn"是"上海世康机电技术工程有限公司"登记备案的域名，与冠智达公司没有关联。一审法院认定冠智达公司的侵权事实成立，而二审法院认为通过 Telnet 命令操作获得的反馈信息与待证事实之间的关联性不具备确定性和唯一性，奥托恩姆公司仅凭该证据不足以证明冠智达公司侵权。奥托恩姆公司遂申请再审。

法院裁判：广东省高级人民法院认为，Telnet 程序的功能是探测远程服务器上相应程序身份信息的功能。首先，Telnet 反馈信息显示的域名是案外人域名时仍有可能与该案具有关联性。该案中，奥托恩姆公司在公证取证时两次通过发出 Telnet 命令探测冠智达公司域名加 25 端口的方式，均获得反馈信息为"220 mail.cti.net.cn ESMTP MDaemon 10.1.1"。虽然反馈信息中没有显示冠智达公司域名"greemco.com"而显示了案外人的域名，但基于奥托恩姆公

---

[1] 参见广东省深圳市中级人民法院（2015）深中法知民终字第 1230 号、广东省高级人民法院（2017）粤民再 463 号民事判决书。

司公证取证时发出的 Telnet 命令探测的是冠智达公司官方域名加上 25 号端口，且通过 DNS 解析，最终探测的是该官方域名指向的服务器 25 端口的事实，由上述技术调查结果表明，奥托恩姆公司所主张的冠智达公司将其官方域名设置为次域名并将该次域名指向已经安装涉案软件的服务器 IP 地址的待证事实具有高度可能性，并且，该反馈信息出现了涉案软件的名称和版本号，故该反馈信息与该案仍有关联性。

其次，关于 Telnet 远程取证方式是否可以证明待证事实的问题。从技术层面来说，Telnet 取证方式具有局限性：其一，Telnet 命令探测后的反馈信息仅可反映相应软件的名称及版本号，无法直接判断该软件是否与请求保护的软件相同或实质性相似。其二，服务器的所有者和控制者可以通过技术手段对软件的相关设置进行修改，使得反馈信息与服务器真正安装并使用的相关软件内容不一致。基于上述局限性，Telnet 探测后的反馈信息确与待证事实之间不具有确定性和唯一性。然而，根据《最高人民法院关于适用〈中华人民共和国民事诉讼法〉的解释》第一百零八条规定，若该反馈信息与待证事实之间具有高度可能性，仍应认定负有举证证明责任的当事人完成了举证证明责任。故此，在涉 Telnet 远程取证的案件中，必须结合全案证据具体情况具体分析。该案中，奥托恩姆公司通过 Telnet 命令所获得的反馈信息高度盖然性地证明了冠智达公司通过将其域名指向了已经安装涉案软件的服务器的方式使用了涉案软件的待证事实，已就其主张完成了初步的举证证明责任。冠智达公司应就其不侵权抗辩承担举证证明责任，否则承担举证不能的不利后果。综上所述，认定冠智达公司未经许可安装并使用了奥托恩姆公司涉案软件。

3. 追加必要共同当事人的认定标准

典型案例：高思维有限公司（以下简称"高思维公司"）诉温州市麦宝电子商务有限公司（以下简称"麦宝公司"）侵害外观设计专利权纠纷案。[1]

---

[1] 参见广州知识产权法院（2017）粤 73 民初 1916 号、广东省高级人民法院（2018）粤民终 1489 号民事判决书。

基本案情：高思维公司以麦宝公司因侵害外观设计专利权为由提起诉讼。经过一审法院认定，麦宝公司实施了侵权行为。麦宝公司不服判决故提起上诉。其主张合法来源抗辩，并应当追加浙江中凯游乐设备有限公司（以下简称"中凯公司"）为当事人来查明麦宝公司合法来源的事实。一审法院遗漏当事人中凯公司，侵害了麦宝公司及案外人的实体权利。

法院裁判：广东省高级人民法院认为，对于合法来源，使用者、许诺销售者或者销售者应当提供符合交易习惯的相关证据。该案中，麦宝公司主张合法来源抗辩，认为被诉侵权产品来源于中凯公司，但麦宝公司提交的证据包括发货清单、对账单、付款记录、企业信息、网页截图等。但这些证据均不完整，无法形成证据链。麦宝公司上诉称，只有追加中凯公司为共同被告才能查明被诉侵权产品的来源及销售获利。对此广东省高级人民法院认为，若被诉侵权产品合法来源于他人，麦宝公司理应能够提供其通过正常商业途径购买被诉侵权产品的一系列证据，然而如前所述，现有证据不足以证明被诉侵权产品具有合法来源；被诉侵权产品销售获利的举证责任在于麦宝公司，麦宝公司对此也未能提交任何有力证据。故即使追加中凯公司为被告，也不影响该两项事实的认定，中凯公司不属于该案的必要共同当事人，无须追加其为共同被告。

4. 知识产权纠纷案件的级别管辖标准

典型案例：弓箭控股诉安徽进出口股份有限公司（以下简称"进出口公司"）著作权侵权纠纷管辖权异议案。[1]

基本案情：弓箭控股以进出口公司侵害其著作权为由提起诉讼。进出口公司提出管辖权异议申请，认为该案原告为外国公司，且该案涉及对多类作品的区分及各类作品保护范围的厘定、所涉法律规范众多、案情复杂，因而该案属于重大涉外案件，应由中级人民法院管辖。一审法院没有对该案是否属于"重大涉外案件"的问题进行审查，就错误认为该案为侵权纠纷且被诉

---

[1] 参见广东省广州市海珠区人民法院（2017）粤 0105 民初 9546 号、广州知识产权法院（2018）粤 73 民辖终 233 号民事裁定书。

侵权行为发生在广州市海珠区,并据此认定一审法院对该案有管辖权,属于适用法律错误。故该案应当由广州知识产权法院审理,海珠区人民法院对该案没有管辖权。

法院裁判:广州知识产权法院认为,根据《最高人民法院关于审理著作权民事纠纷案件适用法律若干问题的解释》第四条规定,因侵犯著作权行为提起的民事诉讼,由著作权法第四十六条、第四十七条所规定侵权行为的实施地、侵权复制品储藏地或者查封扣押地、被告住所地人民法院管辖,以及《最高人民法院关于同意指定广州市海珠区等七个基层人民法院审理部分知识产权民事纠纷案件的批复》的内容,广州市海珠区人民法院对发生在其辖区内除专利、植物新品种、集成电路布图设计纠纷案件之外的知识产权第一审民事纠纷案件具有管辖权。该案中,弓箭控股提交的公证书载明涉案产品的侵权行为实施地在广州中国进出口商品交易会展馆,在一审法院辖区内。另外,从该案案情、诉讼标的额及当事人人数来看,该案并不属于具有"重大影响"的案件,属于一般涉外民事案件,应由基层人民法院审理,故一审法院对该案有管辖权。

5. 委托诉讼代理人可依转委托授权以当事人名义起诉

典型案例:萨塔有限两合公司(以下简称"萨塔公司")诉浙江奥利达气动工具股份有限公司(以下简称"奥利达公司")侵害实用新型专利权纠纷案。[1]

基本案情:萨塔公司以奥利达公司侵害其实用新型专利权(专利号ZL201420431083.5)为由提起诉讼,请求判令停止侵权。被告辩称起诉状中没有萨塔公司的法人签字及盖章,也没有履行公证认证的手续,且诉讼业务不能转委托,广州伟立知识产权代理有限公司没有诉讼代理权,无权将诉讼事项再转委托给任何第三方,故委托手续存在重大的问题,原告的起诉不符合法定程序。

法院裁判:广州知识产权法院认为,根据经公证认证的《授权委托书》,

---

[1] 参见广州知识产权法院(2016)粤73民初2577号民事判决书。

萨塔公司已委托广州伟立知识产权代理有限公司对中国境内侵犯萨塔公司知识产权的行为提起诉讼,且系特别授权,并有权转委托。因此,广州伟立知识产权代理有限公司根据授权,有权转委托该案委托诉讼代理人以萨塔公司名义提起诉讼。《最高人民法院关于当前经济形势下知识产权审判服务大局若干问题的意见》第十二条规定,凡经权利人明确授权代为提起诉讼的律师,均可以权利人的名义提起诉讼,并考虑境外当事人维权的实际,不苛求境外权利人在起诉书上签章。该案中,萨塔公司为境外的当事人,委托诉讼代理人依授权在以萨塔公司为原告的该案起诉状上签名并提起该案诉讼,符合上述意见的规定。故奥利达公司关于该案诉讼起诉程序所提异议不能成立。

6. 当事人辩论权受侵害的认定标准

典型案例:杰薄斯贸易(上海)有限公司(以下简称"杰薄斯公司")诉恒利国际服装(香港)有限公司(以下简称"恒利公司")、艾克玛特集团有限公司(以下简称"艾克玛特公司")、广州韩兜贸易有限公司(以下简称"韩兜公司")、徐某侵害商标权及不正当竞争纠纷案。[1]

基本案情:杰薄斯公司以恒利公司、艾克玛特公司、韩兜公司、徐某共同侵害其商标权以及构成不正当竞争为由,提起诉讼。经过一审和二审,原告仍不服二审判决,申请再审。并且,原告认为二审法院未组织杰薄斯公司与恒利公司就案件事实、主要证据材料和法律问题进行辩论,剥夺了杰薄斯公司的辩论权。

法院裁判:广东省高级人民法院认为,在该案二审中,杰薄斯公司、艾克玛特公司和恒利公司均提交了新证据,并且在庭询时,杰薄斯公司明确提出请求由三个法官一起出庭开庭审理的申请,但二审法院仅由审判长组织了两次独任召开的法庭询问,就径行作出二审判决。以上事实确实有违《民事诉讼法》第一百六十九条的规定,即"第二审人民法院对上诉案件,应当组成合议庭,开庭审理。经过阅卷、调查和询问当事人,对没有提出新的事实、

---

[1] 参见广州知识产权法院(2016)粤73民终61号、广东省高级人民法院(2017)粤民再288号民事判决书。

证据或者理由，合议庭认为不需要开庭审理的，可以不开庭审理"。但是，在法庭询问过程中，二审法官在辩论阶段已经让杰薄斯公司充分发表了意见，故虽然没有开庭，但尚未达到剥夺当事人的辩论权的程度。故杰薄斯公司要求据此推翻二审判决的申诉理由不能成立。

7. 公证保全行为的效力问题

典型案例： 香奈儿股份有限公司（以下简称"香奈儿公司"）诉广州羿丰置业有限公司（以下简称"羿丰公司"）、广州白云世界皮具贸易中心市场经营管理有限公司（以下简称"皮具市场管理公司"）、周某某侵害商标权纠纷案。❶

基本案情： 香奈儿公司以羿丰公司、皮具市场管理公司和周某某共同侵害其商标权为由，提起诉讼，请求判令停止侵权。一审支持原告诉请，被告羿丰公司、皮具市场管理公司不服，申请上诉。其中，羿丰公司对香奈儿公司公证保全行为的效力存在异议。其认为公证流程不完整，无法证明被诉侵权产品于涉案商铺所购买，并认为该复查决定书仅是简单机械的回复，该公证书的问题并没有得到实质处理，且香奈儿公司陈述在该市场进行了140多个证据保全的行为，包括该案公证保全，大部分存在商铺现场没有现货的情形，香奈儿公司可能存在钓鱼取证的情形。

法院裁判： 广州知识产权法院认为，根据《民事诉讼法》第六十九条的规定，经过法定程序公证证明的法律事实和文书，人民法院应当作为认定事实的根据，但有相反证据足以推翻公证证明的除外。羿丰公司二审提交的公证复查决定书显示维持涉案公证书，羿丰公司没有其他证据证明涉案公证书已被依法撤销或其中涉案重要事实已发生变更，也没有相反证据证明涉案侵权事实不存在，其关于香奈儿公司存在钓鱼取证亦只是推测而无证据证明，故一审法院根据该两份公证书认定该案事实合法合理。羿丰公司的上诉理由不能成立。

---

❶ 参见广州市白云区人民法院（2017）粤 0111 民初 145 号、广州知识产权法院（2018）粤 73 民终 1766 号民事判决书。

五、启示和建议

（一）增强自主创新精神和创新能力，重视知识产权研发，杜绝抄袭假冒

自主创新是攀登世界科技高峰的必由之路，而在自主创新的过程中，居于核心地位的正是知识产权意识，它是一切创新的基础。通过分析2018年广东法院审理的涉外知识产权案件不难发现，我国的一些企业经营者、个体经营者不仅创新能力低下，而且创新意识严重匮乏，甚至认为投入资金研发产品是一种浪费，经济回报远不如"傍名牌""搭便车"来得快，贴牌生产在中小企业中十分普遍。这些"贴牌企业"不注重提高产品附加值和竞争力，导致产品始终停留在简单加工、模仿的层面，面临着巨大的知识产权风险。

在日本株式会社MTG诉深圳市恒健达科技有限公司（以下简称"恒健达公司"）侵害外观设计专利权纠纷案❶中，株式会社MTG是名称为"锻炼器具"的外观设计专利权人（专利号为ZL201530198276.0），该锻炼器具为六片翅状设计，六个贴片电极部与控制部连接，正好与人们日常锻炼六块腹肌的需求相符。被告恒健达公司将涉案专利产品的六片翅状设计改为五片翅状设计，以规避知识产权侵权责任，并在京东、淘宝、阿里巴巴等电商平台大量销售被诉侵权产品。并且，直至二审庭审结束之后被告仍然在持续许诺销售、销售被诉侵权产品，侵权情节严重，在诉讼过程中无正当理由拒不履行法院作出的文书提出命令，存在举证妨碍行为，致使原告日本株式会社MTG的损失扩大、维权成本增加，侵权恶意十分明显。故广东省高级人民法院全额支持了原告的诉讼请求。

可见，我国许多中小企业处于"非知识产权"的管理状态，无视国家对知识产权的保护，只想要低成本赚快钱。然而，"傍名牌""贴标签""搭便车"这样的行为并非长久之计，终究是要被"戳穿"的。东窗事发后，不仅

---

❶ 参见广东省高级人民法院（2018）粤民终682号、广东省深圳市中级人民法院（2017）粤03民初410号民事判决书。

需承担相应的赔偿责任，而且将导致企业品牌、商誉被贬低，影响企业的进一步发展与壮大，可谓得不偿失。

在如今国际产业分工越来越细的背景下，知识产权已经成为国际产业分工利益链条上参与高端竞争的最重要要素，其竞争力要远远高于劳动力、资本、土地等传统要素。在当今的知识经济时代中，知识产权是知识经济的重要组成内容，它是一种以公开换保护的独占权，是一种合法的垄断权，能够产生巨大的经济效益，如果一个企业对知识产权的研发和保护不屑一顾，就相当于放弃了核心技术，迟早会被市场抛弃。因此，我们的企业应当在思想上真正重视知识产权的作用，重视对知识产权的保护，转变热衷于拼劳动力成本、拼资源消耗，而忽视知识产权创新的老路子，杜绝照搬照抄，切忌将侵权视作成功的捷径，而将自主投资研发视作无用的付出。

（二）增强法律意识，建立健全企业知识产权风险管理体系，避免侵犯他人知识产权

企业在生产经营的过程中，不仅要杜绝"傍名牌""贴标签""搭便车"这些低劣的恶意侵权行为，也要加强对知识产权保护制度的了解，增强法律意识，防止企业因可以避免的违法性认识错误而侵犯他人的知识产权。从2018年广东省涉外知识产权案例来看，企业普遍存在的违法性认识错误主要有如下几个方面。

1. 委托他人制造侵权产品亦属于制造，可能构成侵权

根据我国《专利法》第十一条规定，外观设计专利权被授予后，任何单位或者个人未经专利权人许可，都不得实施其专利，即不得为生产经营目的制造、许诺销售、销售、进口其外观设计专利产品。上述规定中构成侵犯专利权的制造行为，表现形式是多样的。被诉侵权人虽未直接制造被诉侵权产品，但根据其对他人制造行为的控制、最终成品上标注的被诉侵权人企业名称和专属产品型号，亦可以被认定为制造行为，可能侵犯他人的专利权。对此，许多企业的经营者在这方面存在认识上的偏差。在达特工业股份有限公司（以下简称"达特公司"）诉广东葆扬投资管理有限公司（以下简称"葆

扬公司")侵害外观设计专利权纠纷案❶中,达特公司是一种名称为"瓶(饮水瓶)"的外观设计专利权人(专利号为 ZL201230045589.9)。达特公司委托的代理人在上海、北京、广州的名创优品店铺分别购得涉案侵权产品,该产品底部的标识上标注了 Miniso 及株式会社名创优品产业、葆扬公司的名称。其后达特公司向广州知识产权法院起诉。葆扬公司虽自认许诺销售、销售被诉侵权产品,但主张被诉侵权产品是其委托案外人葆茗商行向案外人优诺凯公司采购,葆扬公司并未直接制造被诉侵权产品不应承担制造被诉侵权产品的责任。对此,法院认定,该案被诉侵权产品的中文标签上印有葆扬公司的名称及地址,并最终以"名创优品"品牌产品的名义对外销售。根据葆扬公司要求供应商"需按照葆扬公司的要求提供产品和服务"的约定,以及被诉侵权产品底部标注品牌商为株式会社名创优品产业、葆扬公司为代理商的事实,结合葆扬公司一审中提交的广东赛曼投资有限公司出具的《授权证明》,可认定葆扬公司是品牌运营管理商,其在被诉制造行为中对具体产品的品种选择、品质要求、包装交付标准、技术规范等具有决定权。被诉侵权人虽未直接制造被诉侵权产品,但根据其对他人制造行为的控制,可以推定被诉侵权人实施了制造行为,应承担制造侵权产品的责任。

2. 已注册的驰名商标可获得跨类保护,在不相同的商品上使用也可能侵权

在路易威登马利蒂诉胡某某侵害商标权纠纷案❷中,胡某某在其经营的个体工商户惠城区十里洋坊酒吧(以下简称"十里洋坊酒吧")的现场招牌、内部装潢、酒吧器具、微博、微信公众号等处使用了"LV""CLUB LV""LV CLUB"及"LV"与"CLUB""HUIZHOU""FASHION"等组合形成的标识并认为:其一,其经营的酒吧提供的是服务,和原告路易威登马利蒂提供的产品类别相差甚远;其二,十里洋坊酒吧所使用的标识系由 6 个英文字母组

---

❶ 参见广州知识产权法院(2016)粤 73 民初 2496 号、广东省高级人民法院(2018)粤民终 519 号民事判决书。

❷ 参见广州知识产权法院(2015)粤知法商民初字第 50 号、广东省高级人民法院(2018)粤民终 570 号民事判决书。

成的"CLUB LV","L"和"V"两个字母是并列的,没有重叠部分;路易威登马利蒂第241081号" "注册商标仅有两个字母,"L"和"V"字母重叠在一起,两标识无论整体外观还是部分外观均不相似,不构成"商标近似"。故不足以使公众将十里洋坊酒吧与路易威登马利蒂联系起来,造成误导公众的后果。胡某某不存在侵权行为,无须向路易威登马利蒂赔偿经济损失并支付合理费用。

法院根据《商标法》第四十八条规定,商标的使用是指将商标用于商品、商品包装或者容器以及商品交易文书上,或者将商标用于广告宣传、展览以及其他商业活动中,用于识别商品来源的行为,认定胡某某在惠城区十里洋坊酒吧现场招牌、内部装潢、酒吧器具、微博、微信公众号等处使用"LV""CLUB LV""LV CLUB"及"LV"与"CLUB""HUIZHOU""FASHION"等组合形成的标识的行为为商标的使用行为。

《最高人民法院关于审理商标民事纠纷案件适用法律若干问题的解释》第九条规定,商标相同是指被控侵权的商标与原告的注册商标相比较,两者在视觉上基本无差别。商标近似是指被控侵权的商标与原告的注册商标相比较,其文字的字形、读音、含义或者图形的构图及颜色,或者其各要素组合后的整体结构相似,或者其立体形状、颜色组合近似,易使相关公众对商品的来源产生误认或者认为其来源与原告注册商标的商品有特定的联系。根据《最高人民法院关于审理商标民事纠纷案件适用法律若干问题的解释》第十条规定,法院根据认定商标近似原则认定虽然十里洋坊酒吧使用部分标识与涉案注册商标在字母组成上不尽相同,但"CLUB""HUIZHOU""FASHION"等词汇在商标标识中表示服务的类别、来源或属性,并不具有显著性,"LV"在上述多种标识中发挥了主要的识别作用。尽管被诉标识与涉案商标中的"LV"标识在字母排列方式上存在区别,但鉴于" "注册商标具有较高的知名度和显著性,且十里洋坊酒吧在其经营场所、微信公众号等处宣称其提供的服务来自"欧洲顶级夜店品牌",相关公众施以一般的注意力,容易对该案酒吧服务的来源产生误认或者认为其来源与路易威登马利蒂有特定的联系。十里洋坊酒吧在经营中使用的"LV""CLUB LV""LV CLUB"等商标标识与涉案商标构成近似。胡某某关于其经营的十里洋坊酒吧使用的标识与涉案商标不近似的主张不成立。

根据《商标法》及相关司法解释的规定，复制、摹仿、翻译他人注册的驰名商标或其主要部分，在不相同或者不相类似商品（服务）上作为商标使用，误导公众，足以使相关公众认为被诉商标标识与驰名商标具有相当程度的联系，而减弱驰名商标的显著性，致使该驰名商标注册人的利益可能受到损害的，属于侵犯注册商标专用权的行为。该案中，路易威登马利蒂的第241081号"LV"注册商标核定使用的商品为第18类皮箱（包）类等，路易威登马利蒂指控十里洋坊酒吧的商标侵权行为是该酒吧在经营中突出使用含有"LV"的多种商标标识。由于涉案商标核定使用的商品范围与十里洋坊酒吧经营的酒水调制及销售等酒吧服务业并不属于同类或类似商品，因此被诉行为侵犯路易威登马利蒂注册商标专用权的前提条件是涉案商标为驰名商标，以及被诉行为会误导公众并使路易威登马利蒂的利益受到损害。涉案商标符合驰名商标因需认定原则，也符合事实认定条件。根据《商标法》第十四条认定驰名商标应当考虑的因素综合考虑路易威登马利蒂所提交的证据以及关于涉案商标众所周知的驰名事实，认定其构成在中国境内为相关公众广为知晓的商标，即驰名商标，符合驰名商标认定的法律规定。

法院根据《最高人民法院关于审理涉及驰名商标保护的民事纠纷案件应用法律若干问题的解释》第十条规定认定，十里洋坊酒吧突出使用含有"LV"字样的多种商标标识的行为会误导公众并使路易威登马利蒂的利益受到损害。法院认定十里洋坊酒吧的行为构成对注册商标专用权的侵犯，胡某某关于其经营的十里洋坊酒吧未侵犯涉案商标权的上诉理由不能成立。法院最终判决胡某某赔偿路易威登马利蒂经济损失30万元。

如何才能避免因违法性认识错误而无意侵犯他人知识产权？笔者认为，首先，企业要加强企业内部的知识产权人才队伍建设，要定期组织对企业研发人员知识产权法的培训，提高企业内部人员的法治意识和法律水平，形成保护知识产权的企业文化。其次，企业要结合自己所处的行业、产品类型，通过配备专职的法律工作人员或委托第三方专业机构等方式建立健全自己的知识产权预防机制。在准备研发新产品、新技术前，应利用该机制对类似产品的知识产权进行检索，提前了解市场上的专利壁垒，这样既能避免盲目投入大额资金重复研制现存技术，又能有效减少被诉侵权的风险。最后，企业管理者也要提高知识产权保护意识，增强对知识产权侵权的风险控制和风险管理的能力，在企业日常经营管理决策中要充分考虑知识产权问题，将知识产权风险防范作为一项常规的管理工作，提高企业对知识产权风险的整体防控能力。

（三）规范经营行为，用诚信铸造品牌，拒绝虚假宣传

广告是企业的化妆师，宣传是使企业与消费者相连接的桥梁。企业的发展与精彩的广告宣传密不可分，有效的宣传是企业树立良好形象并拓展品牌认知度的重要手段。但过于夸大、虚假的宣传不仅违反《广告法》，引起消费者的反感，还可能给企业带来意想不到的法律风险。

在伯斯有限公司（以下简称"伯斯公司"）诉深圳市优音美电子有限公司（以下简称"优音美公司"）侵害外观设计专利权纠纷案[1]中，被告优音美公司为了吸引更多的顾客购买自己的产品，在网站上夸大了企业实力，明确表示自己是生产厂家，开发、生产音响，经营范围包括电子产品、音箱，并显示其进行来料加工、来样加工、OEM加工，且诉讼中又无法提供其销售的被诉侵权产品的来源。最终，法院认定优音美公司未经许可制造专利产品，侵犯了伯斯公司的外观设计专利权。

无独有偶，在汉斯格雅欧洲股份公司（以下简称"汉斯格雅公司"）诉鹤山市科耐卫浴科技有限公司（以下简称"科耐公司"）侵害外观设计专利权纠纷案[2]中，被告科耐公司在中国厨卫网、中国建材网、涉案宣传册、涉案网站的公司简介上宣称科耐公司的年营业额、年进出口额均超过1亿元，且展示了车间生产线的图片。尽管被告辩称这只是出于宣传的需要，但在其无

---

[1] 参见广东省深圳市中级人民法院（2016）粤03民初2576号、广东省高级人民法院（2018）粤民终824号民事判决书。

[2] 参见广州知识产权法院（2017）粤73民初611号、广东省高级人民法院（2018）粤民终1623号民事判决书。

法提供相反证据的情况下，法院仍然认定科耐公司实施了制造被诉侵权产品的行为。

又如，在路易威登马利蒂诉胡某某侵害商标权纠纷案❶中，被告胡某某因在十里洋坊酒吧中使用的"LV""CLUB LV""LV CLUB"等商标，而被原告路易威登马利蒂起诉至广州知识产权法院。尽管被告主张被诉标识与涉案商标中的"LV"标识在字母排列方式上存在区别，但广州知识产权法院认为，鉴于"$\mathcal{LV}$"注册商标具有较高的知名度和显著性，且十里洋坊酒吧在其经营场所、微信公众号等处宣称其提供的服务来自"欧洲顶级夜店品牌"，导致相关公众施以一般的注意力，容易对涉案酒吧服务的来源产生误认或者认为其来源与路易威登马利蒂有特定的联系。因此十里洋坊酒吧使用的商标与涉案商标构成近似，进而判定被告应承担侵犯商标权的责任。

由上面的三个案例可以看出，虚假宣传可能会让企业承担的风险主要有两个方面。一方面，由于知识产权诉讼中侵权损害赔偿数额通常难以确定，法院很可能会根据被诉侵权人所宣传的销售渠道、销售范围、销售数量、销售持续的时间等，确定被诉侵权人的侵权获利情况，进而影响到最终损害赔偿数额的认定。另一方面，企业的虚假宣传也可能影响到法院对侵权产品制造者的认定。制造行为是一切知识产权侵权的起点。专利权人通常会请求法院销毁被诉侵权人的制造模具，进而断绝下游的其他侵权行为。司法实务中，制造行为亦被认为是性质最为严重的侵权行为类型，是行政执法部门以及法院重点整治、打击的对象。但是，实践中，由于被控侵权产品的外包装表面往往没有任何标识，知识产权权利人往往难以举证证明被诉侵权人实施了制造侵权产品的行为。此时法院在审理案件时，只能通过考虑被诉侵权人在工商登记中标注的经营范围、被诉侵权人的名片、产品说明书、宣传手册、被诉宣传人的网站介绍内容等来合理推定被诉侵权人是否存在侵权行为。由于现代企业虚假宣传时往往结合多种手段，以加大虚假宣传的力度，因此这几

---

❶ 参见广州知识产权法院（2015）粤知法商民初字第 50 号、广东省高级人民法院（2018）粤民终 570 号民事判决书。

种证据彼此的内容往往能够相互印证，形成完整的证据链，进而达到高度盖然性的证明标准，使得法院最终认定被诉侵权人实施了制造被控侵权产品的行为，应承担侵权产品制造者的责任。

（四）积极准备诉讼，注重以调解、和解的方式化解纠纷，切忌消极不作为

在大型企业的经营管理过程中，难免会出现一些疏漏，进而导致侵犯他人知识产权。面对知识产权警告和诉讼，企业绝不可以消极避战。企业要积极收集相关的证据，全面研究分析相关的技术问题，确认自己是否真地落入对方知识产权保护范围，是否有机会宣告对方专利无效，是否能够通过采用各种抗辩手段，以减轻或免除自己的责任。在确实侵犯了他人的知识产权，且没有合适的抗辩手段，面临较大的败诉风险的情况下，企业通过向对方真诚地表示歉意，积极赔偿对方经济损失，承诺以后不再侵权等方式获取对方的谅解，与对方达成和解协议无疑是一个非常明智的选择，毕竟"人非圣贤，孰能无过？过而能改，善莫大焉"。实际上，许多知识产权权利人基于对诉讼成本以及侵权人承诺内容的考量，也会尽力促成和解，以最低的成本达到其追求的目的，而不会一味地坚持以诉讼的方式解决争端。

在周六福珠宝有限公司（以下简称"周六福公司"）诉兴宁市周六福珠宝金行（以下简称"兴宁周六福金行"）和第三人香港周六福珠宝国际集团有限公司（以下简称"香港周六福公司"）侵害商标权纠纷案❶中，2016 年 11 月 6 日经国家工商行政管理总局商标局核准，香港周六福公司将第 7508460 号"ZLF"、第 7519198 号"周六福"、第 16441293 号"周六福"三个注册商标转让给周六福公司。但在此之前的 2013 年 6 月 17 日，香港周六福公司就与张某某签订了《和解协议》，《和解协议》明确规定张某某十家关联店面有权使用"周六福""ZHOU LIU FU JEWEIRY""ZLF"等系列商标及香港周六福公司的企业字号。而周六福公司认为张某某十家关联店面之一的兴宁周六

---

❶ 参见广东省梅州市中级人民法院（2018）粤 14 民初 108 号、广东省高级人民法院（2018）粤民终 2407 号民事判决书。

金行在珠宝首饰商品的标签、首饰袋、首饰盒、保证单、购物袋、信封等处使用"周六福珠宝""ZLF"等标识侵害了其涉案注册商标专用权。对此,广东省高级人民法院认为香港周六福公司与张某某签订的《和解协议》对周六福公司亦具有法律约束力,双方应严格按照协议的约定全面履行自己的义务,且《和解协议》并没有明确规定张某某十家关联店只能在店面招牌、广告上使用上述标识,也没有明确规定张某某关联店面不能在珠宝首饰的标签、首饰袋、首饰盒、保证单、购物袋、信封等处使用上述标识。从《和解协议》的上下文来看,也没有明确规定张某某十家关联店销售的珠宝首饰只能从香港周六福公司进货或者只能销售"周六福"品牌之外的其他品牌珠宝首饰,也没有明确规定张某某不能自行生产或者委托他人加工生产珠宝首饰。根据法院查明的事实,该案所涉《和解协议》签订之前,香港周六福公司曾另案起诉案外人广州百福公司商标侵权,该案生效判决认定广州周百福公司在其招牌、广告、保证单、包装盒、包装袋上使用了"周六福珠宝"和"ZHOU LIU FU JEWELRY"标识的行为侵害了香港周六福公司的注册商标专用权,并判决广州周百福公司停止上述侵权行为,之后在该案所涉《和解协议》中,香港周六福公司明确表示放弃要求广州周百福公司执行该生效判决,即不再要求广州周百福公司停止在其招牌、广告、保证单、包装盒、包装袋上使用了"周六福珠宝"和"ZHOU LIU FU JEWELRY"的标识的行为。根据《合同法》第一百二十五条第一款规定:"当事人对合同条款的解释有争议的,应当按照合同所使用的词句、合同的有关条款、合同的目的、交易习惯以及诚实信用原则,确定该条款的真实意思。"因此,从诚实信用原则出发,在没有特别约定的情形下,张某某关联店面除了可以在其招牌、广告上使用上述标识外,还可以在保证单、包装盒、包装袋等处使用上述标识。因此法院认为周六福公司的主张:根据《和解协议》的规定,张某某十家"周六福"珠宝店只能在店面招牌、广告上使用"周六福珠宝""ZLF"等标识,兴宁周六福金行在珠宝首饰商品的标签、首饰袋、首饰盒、保证单、购物袋、信封等处使用"周六福珠宝""ZLF"等标识,侵害了香港周六福公司涉案注册商标专用权不成立。

在该案中，被告兴宁周六福金行积极地与原商标权人香港周六福达成和解协议，并且通过和解协议明确了被告张某某十家关联店面有权使用"周六福""ZHOU LIU FU JEWEIRY""ZLF"等系列商标及香港周六福公司的企业字号，将双方之间的对抗转化为合作，防止双方矛盾纠纷的激化和升级，避免了案结事不结的情况。

（五）贯彻诚实信用原则，积极落实已方承诺，不得言而无信

我国的市场经济是法治的市场经济，诚实信用原则是市场经济活动的一项基本道德准则。企业在实施具体民事行为时，应当讲究信用，严守诺言，诚实不欺，绝不能出尔反尔，言而无信。然而，有部分企业却违背诚实信用原则，将和解调解作为拖延对方权利行使的工具，在向知识产权权利人作出停止侵权等承诺后，不顾双方协议而再次侵权，致使对方的损失进一步扩大，最终被法院认定为恶意侵权，加重损害赔偿责任。

例如，在米其林公司诉汕头市澄海区澄华锦晖隆电子玩具厂（以下简称"锦晖隆玩具厂"）、万宝公司侵害商标权纠纷案[1]中，万宝公司被原告指控于2014年举行的第115届广交会14.1G37摊位展出的玩具车涉嫌侵犯了其商标的文字权（商标号为4950373）。同年米其林公司委托北京市万慧达律师事务所唐丝丝律师向万宝公司通过邮寄方式发出律师函，向万宝公司明确了其在中国拥有第28类游戏器具和玩具等商品上的第659990号图形商标、第659991号图形商标、第4950373号图形商标、第10757437号"米其林"等注册商标；而万宝公司未经授权在第115届中国进出口商品交易会展出标有"MICHELIN""MICHELIN&轮胎人图形"商标的玩具盘构成未经商标注册人的许可，在同种或类似商品上使用与其注册商标相同或近似商标的行为，侵犯了米其林公司第4950373号商标专用权，同时亦构成复制、模仿、翻译他人注册的驰名商标在不相同或者不类似商品上作为商标使用的侵权行为；要求万宝公司在收到律师函后立即停止侵权行为、销毁侵权产品或剥离侵权产

---

[1] 参见广东省广州市海珠区人民法院（2016）粤0105民初9925号、广州知识产权法院（2018）粤73民终14号民事判决书。

品标识，并出具保证函承诺不再侵犯米其林公司的注册商标专用权。万宝公司于 2014 年 10 月 13 日向米其林公司出具保证书，主要内容为承诺转告生产被诉侵权产品厂家米其林公司和万慧达律师事务所要求停止侵权的意思，且不再携带该工厂侵权产品参展，以后也不再侵犯米其林公司的注册商标专用权并将密切关注并监督该玩具厂不再侵犯米其林公司的注册商标专用权。但万宝公司又在 2016 年第 119 届广交会自己的摊位上为锦晖隆玩具厂展出上述被诉商品提供展位，主观上应认定为故意。据此，依据《商标法》第五十七条第（六）项的规定，法院认为万宝公司构成故意为侵害他人商标专用权提供便利条件，帮助他人实施侵害商标专用权的行为，与锦晖隆玩具厂构成共同侵权。法院综合考虑米其林公司注册商标的知名程度、锦晖隆玩具厂的主观过错程度、侵权行为的性质、持续的时间、经营规模及米其林公司为制止侵权行为聘请律师等合理开支因素，最终判决锦晖隆玩具厂的赔偿数额为 10 万元（含米其林公司为制止侵权行为所支付的合理费用），万宝公司对上述赔偿总额内的 3 万元承担连带责任。

由上可知，在面对侵权警告与侵权诉讼时，与知识产权权利人达成调解协议、和解协议的确能够化解纠纷，减轻侵权责任，但是倘若在达成协议后不履行或不完全履行自己的承诺，再次实施侵权行为，则可能会成为知识产权权利人据以攻击的证据，而被诉侵权人的行为也会被法院认定为重复侵权、恶意侵权，进而承担更为严重的损害赔偿责任，因此，在面临较大的败诉风险时，被诉侵权企业应当真诚认错，力求与对方达成和解、调解协议，以减轻侵权赔偿责任。并且，达成和解、调解协议后，应当遵守诚实信用原则，按照承诺停止侵权，以防造成更大的损失。

第二章 2018年广东涉外知识产权行政执法情况

一、引　言

知识产权机制的正常运转离不开行政机构的参与。行政机构对知识产权制度的促进与保障体现在三个维度：行政管理、行政服务与行政执法。行政管理是指审查授权、确权、登记管理、集体管理组织的管理、著作权法定许可的管理等。行政服务则是指为知识产权的创造、转化应用、交易、维权等方面提供的服务。随着我国政府职能转变的不断深化，知识产权行政服务职能将获得巨大的发展。行政执法则是具有中国特色的制度。相关行政机构对知识产权领域的违法行为进行处置，为遭受侵害的知识产权权利人提供救济并预防侵权行为的发生。为与第一章的司法保护相对应，本章仅聚焦行政执法维度。

本章由三部分构成。首先，对广东知识产权行政执法制度进行梳理。这套制度同等适用于非涉外与涉外案件，即纠纷主体、涉案客体、引发纠纷的法律事实具有涉外因素的案件。其次，对广东知识产权行政执法制度在2018年涉外案件中的实际运行效果进行展示，包括执法数据与执法典型案例两个子部分。最后，结合2018年广东知识产权行政执法的实际运行效果，提出改进和完善建议，从而推进广东引领型知识产权强省建设目标的实现。

二、广东涉外知识产权行政执法制度

本章第一部分聚焦"纸面上的法"，对现行广东知识产权行政执法制度进行体系化的整理，作为本章第二、第三部分论述的起点与参照。广东知识产权行政执法制度由众多分散的法律渊源构成，这些法律渊源既有中央层面的规范性文件，也有广东地区性的规范性文件；涵括了法律、行政法规、部门或地方政府规章与政策性文件。下文在划分执法领域的基础上，根据执法主体、职责与程序，对这些繁复的、适用于广东的知识产权行政执法规范性文件进行体系化分析。由于适用于广东的知识产权行政执法制度体系不区分涉外与非涉外案件，故下文并未突出涉外因素。

（一）著作权行政执法

广东省著作权行政执法主体是文化市场综合行政执法局，而非广东省版权局。这也符合 2018 年中共中央印发的《深化党和国家机构改革方案》中有关整合组建文化市场综合执法队伍的要求，由整合组建后的文化市场综合执法队伍统一行使文化、文物、出版、广播电视、电影、旅游市场行政执法职责。广东市级著作权行政执法主体为直属于各市文化广电旅游局（原广电新闻出版局）的文化市场综合执法队伍（总队、大队、支队）。深圳市比较特殊，因其市场监督局内含知识产权局，而其知识产权局实现了著作权、商标与专利管理与执法的"三合一"，所以其市场监管综合执法队伍负责著作权行政执法。

著作权行政执法仅指著作权领域侵权行为的查处，不包括应当事人的请求对著作权侵权纠纷进行处理。著作权行政执法主体有权查处的侵权行为，包括《著作权法》第四十八条，《计算机软件保护条例》第二十四条，《信息网络传播权保护条例》第十八条、第十九条以及《互联网著作权行政保护办法》第十一条。《著作权法》第四十八条规定了八类行为。这八类行为并不都是侵害著作权的行为。依通说，"制作、出售假冒他人署名的作品"是侵害姓名权的行为。避开或破坏技术措施、删除或改变权利管理信息的行为通常也不是侵害著作权的行为。

《计算机软件保护条例》第二十四条规定了五类侵权行为：复制或者部分复制著作权人的软件；向公众发行、出租、通过信息网络传播著作权人的软件；故意避开或者破坏著作权人为保护其软件著作权而采取的技术措施；故意删除或者改变软件权利管理电子信息；转让或者许可他人行使著作权人的软件著作权。

《信息网络传播权保护条例》第十八条规定了五类侵权行为：通过信息网络擅自向公众提供他人的作品、表演、录音录像制品；故意避开或者破坏技术措施；故意删除或者改变通过信息网络向公众提供的作品、表演、录音录像制品的权利管理电子信息，或者通过信息网络向公众提供明知或者应知未经权利人许可而被删除或改变权利电子管理信息的作品、表演、录音录像制品；为扶助贫困通过信息网络向农村地区提供作品、表演、录音录像制品超过规定范围，或者未按照公告的标准支付报酬，或者在权利人不同意提供其作品、表演、录音录像制品后未立即删除；通过信息网络提供他人的作品、表演、录音录像制品，未指明作品、表演、录音录像制品的名称或作者、表演者、录音录像制作者的姓名（名称），或未支付报酬，或未依照本条例规定采取技术措施防止服务对象以外的其他人获得他人的作品、表演、录音录像制品，或未防止服务对象的复制行为对权利人利益造成实质性损害。

《信息网络传播权保护条例》第十九条规定了三类行为：故意制造、进口或者向他人提供主要用于避开、破坏技术措施的装置或者部件，或者故意为他人避开或者破坏技术措施提供技术服务；通过信息网络提供他人的作品、表演、录音录像制品，获得经济利益；为扶助贫困通过信息网络向农村地区提供作品、表演、录音录像制品，未在提供前公告作品、表演、录音录像制品的名称和作者、表演者、录音录像制作者的姓名（名称）以及报酬标准。

《互联网著作权行政保护办法》第十一条规定了一类行为：网络服务提供者明知互联网内容提供者通过互联网实施侵犯他人著作权的行为，或者虽不明知，但接到著作权人通知后未采取措施移除相关内容。前列各项违法行为必须同时损害公共利益，著作权行政执法主体才能查处。依据《著作权行政处罚实施办法》，前列违法行为的处罚时效为两年。违法行为在两年内未被发现的，不再给予行政处罚。

针对前列各项侵权行为，除《信息网络传播权保护条例》第十九条外，著作权行政执法主体既可以要求行为人承担民事责任，也可以要求其承担行政责任。民事责任仅指"停止侵权行为"。行政责任依违法情节区分为两档。在一般情况下，对《著作权法》第四十八条和《计算机软件保护条例》第二十四条所列违法行为,没收违法所得,没收、销毁侵权复制品,可以并处罚款;对《信息网络传播权保护条例》第十八条和《互联网著作权行政保护办法》第十一条所列违法行为,没收违法所得,罚款;对《信息网络传播权保护条例》第十九条所列违法行为,予以警告,没收违法所得,没收主要用于避开、破坏技术措施的装置或者部件。违法情节严重的,除施予一般情况下的行政责任外,对《著作权法》第四十八条和《计算机软件保护条例》第二十四条所列违法行为,还可没收主要用于制作侵权复制品的材料、工具、设备等;对《信息网络传播权保护条例》第十八条所列违法行为,还可没收主要用于提供网络服务的计算机等设备;对《信息网络传播权保护条例》第十九条所列违法行为,可以没收主要用于提供网络服务的计算机等设备,罚款。

对网络服务提供者实施的违法行为,著作权行政执法主体也有权查处。《信息网络传播权保护条例》第二十五条规定的违法行为是"网络服务提供者无正当理由拒绝提供或者拖延提供涉嫌侵权的服务对象的姓名(名称)、联系方式、网络地址等资料"。针对该类违法行为,著作权行政执法主体可以对网络服务提供者施加行政责任——予以警告;情节严重的,没收主要用于提供网络服务的计算机等设备。

在级别管辖上,依《著作权法实施条例》第三十七条第二款与《著作权行政处罚实施办法》第六条,在全国有重大影响的违法行为以及认为应当由其查处的其他违法行为,由国家版权局管辖。反面论之,广东省的著作权行政执法主体管辖本辖区发生的,而且国家版权局并不认为应由其查处的违法行为。在地域管辖上,依《著作权行政处罚实施办法》第五条,除非另有规定,由侵权行为实施地、侵权结果发生地、侵权制品储藏地或者依法查封扣押地的著作权行政管理部门负责查处;侵犯信息网络传播权的违法行为由侵权人住所地、实施侵权行为的网络服务器等设备所在地或侵权网站备案登记地的著作权行政管理部门负责查处。

著作权领域侵权行为的查处,适用普通程序,除非符合《行政处罚法》规定的适用简易程序的情形。对于立案环节,立案方式包括自行决定立案,根据有关部门移送的材料决定立案,根据被侵权人、利害关系人或者其他知情人的投诉或者举报决定立案。投诉人申请立案的，应当提交申请书、权利证明、被侵权作品（或者制品）以及其他证据。对于调查环节，《著作权行政处罚实施办法》明确了证据的类型，可作为证据的材料，调查取证的权力，调查终结后案件调查报告的出具，拟作出行政处罚决定情况下当事人的陈述、申辩权利，在听取当事人陈述、申辩基础上复核报告的出具。调查环节结束后，对涉案行为的处理方式包括四种情形：确属应当予以行政处罚的违法行为的，根据侵权人的过错程度、侵权时间长短、侵权范围大小及损害后果等情节，予以行政处罚；违法行为轻微并及时纠正，没有造成危害后果的，不予行政处罚；违法事实不成立的，不予行政处罚；违法行为涉嫌构成犯罪的，移送司法部门处理。在处罚的执行环节，当事人就作出的行政处罚申请行政复议或者提起行政诉讼期间，行政处罚原则上不停止执行。没收侵权制品的，应当销毁或者经被侵权人同意后以其他适当方式处理。没收主要用于制作侵权制品的材料、工具、设备等的，应当依法公开拍卖或者依照国家有关规定处理。

广东省"扫黄打非"工作小组与推进使用正版软件工作部际联席会议组织领导的"扫黄打非"专项行动与推进使用正版软件工作也是著作权行政执法的重要组成部分。

（二）工业产权行政执法

广东省工业产权行政执法主体是广东省的市场监管综合执法队伍。市场监管综合执法队伍受广东省市场监督管理局指导。在2018年《深化党和国家机构改革方案》基础上整合组建的市场监管综合执法队伍，实现了工业产权行政执法主体的统一。这里说的工业产权，包括专利权、商标权、原产地地理标志、集成电路布图设计权❶、反不正当竞争与反垄断❷。

---

❶ 依据《集成电路布图设计保护条例》第三十一条，只有中央层级的行政执法主体（原为国家知识产权局，现为市场监管综合执法队伍）才拥有对侵害集成电路布图设计权的行政执法权。由于不涉及广东省，故下文不再展开。

❷ 反垄断法执法机构原本由国家工商总局、商务部与国家发改委组成，但在2018年的机构改革中，反垄断执法权统归中央层级的市场监管综合执法队伍。依据《反垄断法》第十条，省级政府相应机构只有经国务院反垄断执法机构授权，才可以从事反垄断执法工作。因此下文对反垄断行政执法也不展开阐述。

1. 专利行政执法

依据《专利行政执法办法》的规定，对于行为发生地涉及两个以上省、自治区、直辖市的重大案件，经相关省、自治区、直辖市专利行政执法主体的报请，中央层级的专利行政执法主体可以进行协调处理或查处。据此，广东省专利行政执法主体管辖行为发生地在广东省范围内的案件。依据《广东省管理专利工作的部门专利案件立案办法（试行）》第二条、第三条，广东省内的案件，由违法行为发生地的市级以上（含市级）的执法主体管辖。市级执法主体管辖本行政区域内发生的专利案件。省级执法主体管辖本行政区域内发生的重大、复杂、跨地区的专利案件和其他特殊的专利案件。

依据《专利法》第六十条、第六十三条，专利行政执法指专利侵权纠纷的处理、专利侵权纠纷赔偿的调解与假冒专利的查处。其中，专利侵权纠纷的处理与专利侵权纠纷赔偿的调解针对的是侵害专利权引发的民事纠纷，因而只涉及民事责任的问题。假冒专利，即非专利权人在自己的非专利产品或其包装上表明专利权人的专利标记或专利号，假冒专利的查处则引发行政责任，因而需对行为人进行行政处罚。专利行政执法部门处理专利侵权纠纷，认定侵权行为成立的，可以责令侵权人立即停止侵权行为。在处理专利侵权纠纷的过程中，应当事人请求，专利行政执法部门可就侵害专利权的赔偿数额进行调解。对假冒专利的，专利行政执法部门予以行政处罚：责令改正并予公告，没收违法所得，还可并处罚款。《专利行政执法办法》对前列《专利法》规定作了细化。依该办法第十三条，专利侵权纠纷的处理也可以调解。依《专利行政执法办法》第三章，执法主体调解的范围扩张至"专利纠纷"，不限于《专利法》规定的专利侵权纠纷赔偿，如专利申请权或者专利权的归属纠纷。此外，该办法还对"责令停止侵权行为""责令改正"的具体所指以及违法所得的确定方法作了明确。结合广东省的实际情况，《广东省专利保护条例》对专利行政执法作了特殊的规定。

在专利纠纷处理方面，其一，可由行政执法主体进行处理的专利纠纷类型多样，不限于《专利法》与《专利行政执法办法》规定的专利侵权纠纷，还包括专利申请权和专利权属纠纷，职务发明人奖酬纠纷，发明专利申请公布后至专利权授予前实施发明的费用纠纷，专利申请权转让合同、专利权转让合同及专利实施许可合同纠纷，发明人、设计人资格纠纷及其他专利纠纷。其二，专利执法主体处理专利纠纷适用调解的原则。其三，依《专利法》的规定，执法主体处理专利侵权纠纷，认定侵权行为成立的，只能责令停止侵权行为，不能责令侵权人赔偿损失。但依《广东省专利保护条例》第二十二条，执法主体也有权责令侵权人赔偿损失，并对其采取一些行政强制措施，即"封存侵权产品及主要用于制作侵权产品的材料、设备和工具，冻结其非法所得"。其四，明确停止侵权的具体所指。其五，因侵权造成的损失的计算方式不同于《专利法》的相关规定，不同计算方式没有适用顺序。而且，属于包装、装潢外观设计专利侵权的，以被附属产品的全部利润计算损失赔偿额。

在查处方面，其一，查处的对象由《专利法》和《专利行政执法办法》规定的假冒专利行为扩充为冒充专利行为，具体包括："印制或者使用伪造的专利证书、专利申请号、专利号或者其他专利申请标记、专利标记""印制或者使用已经被驳回、撤回、视为撤回的专利申请号或者其他专利申请标记""印制或者使用已经被撤销、终止、被宣告无效的专利证书、专利号或者其他专利标记""制造或者销售有前3项所列标记产品""其他的冒充专利行为"。其二，对冒充专利的行为，执法主体责令其停止冒充行为，公开更正，消除影响，销毁冒充专利的标记，没收非法所得，并视其情节轻重处以罚款。冒充专利标记与产品难以分离的，连同其产品一并予以销毁。

为保障专利行政执法主体依法履行其执法职能，《专利法》第六十四条第一款和《专利行政执法办法》第五章赋予行政执法主体一些调查取证和采取强制措施的权力。值得注意的是，《专利法》仅就假冒专利的查处授予调查取证和采取强制措施的权力，而依《专利行政执法办法》的规定，不独假冒专利的查处，专利侵权纠纷的处理也被赋予调查取证的权力；对于专利侵权纠纷的处理，行政执法主体不仅可以依请求，也可以依职权进行调查取证，调查取证的方式也有所增加，比如现场演示、抽样取证、登记保存等。《专利法》第六十四条第二款确立了相关当事人的协助、配合义务，《专利行政执法办法》第四十八条则规定了违反该义务应承担的责任。《广东省专利保护条例》第十三条、第十四条、第十八条也赋予行政执法主体一些调查取证和采取强制措施的权力，并于第二十六条规定相关当事人违反协助、配合义务所应承担的责任。

关于立案的条件。对于专利纠纷处理的立案条件，依《广东省专利保护条例》第十一条，包括四项："请求人是与专利纠纷有直接利害关系的单位或者个人""有明确的被请求人和具体的请求事项、事实、理由""当事人任何一方均未向人民法院起诉或者无仲裁约定""属于专利管理机关管辖范围和受理事项"。依《广东省管理专利工作的部门专利案件立案办法（试行）》第七条、第八条，专利侵权纠纷处理的立案条件包括："请求人是与侵犯专利权行为有直接利害关系的公民、法人和其他组织""有明确的被请求人""有具体的请求事项和事实、理由""属于管理专利工作的部门管辖、处理的范围""当事人任何一方均未向人民法院起诉或者无仲裁约定"；提交请求书、证据、其他材料，缴纳费用（见《广东省专利纠纷案件处理费收费办法（试行）》）。对于专利纠纷调解的立案条件，依《专利行政执法办法》第二十条，为提交请求书。单独请求调解侵犯专利权赔偿数额的，应当提交有关部门作出的认定侵权行为成立的处理决定书副本。对于冒充专利查处的立案条件，依《广东省专利保护条例》第十七条，为"在接受举报或者发现冒充专利行为的在7日内立案"。

关于结案期限。对于专利纠纷的处理，依《广东省专利保护条例》第十五条规定是6个月；对于冒充专利的查处，依《广东省专利保护条例》第十九条，"冒充专利行为事实清楚、证据确凿的"，6个月内作出处罚决定。

关于处理方式。对于专利纠纷的处理，依《广东省专利保护条例》第十五条，调解不成的，专利管理机关应当在6个月内作出处理决定；调解达成协议，当事人一方反悔的，可向人民法院起诉。对于专利纠纷的调解，依《专利行政执法办法》第二十四条，当事人经调解达成协议的，执法主体制作调解协议书；未能达成协议的，执法主体以撤销案件的方式结案。对于假冒专利的查处，依《专利行政执法办法》第二十九条，其处理方式包括："假冒专利行为成立应当予以处罚的,依法给予行政处罚""假冒专利行为轻微并已及时改正的,免予处罚""假冒专利行为不成立的,依法撤销案件""涉嫌犯罪的,依法移送公安机关"。

关于责任的履行与执行。对于民事责任中的停止侵权,如果侵权人不停止侵权行为,则专利权行政执法主体可以申请法院强制执行。对于民事责任中的赔偿损失,如果是经调解达成的,如果侵权人不履行调解协议,则专利权人无法申请法院强制执行。对于行政处罚,如果当事人对处罚决定不服,并申请复议或向法院起诉的,复议或者起诉期间,原则上不停止处罚的执行。如果当事人逾期不申请复议或者不起诉又不执行处罚决定的,专利执法机构可以请求人民法院强制执行。

2. 商标、地理标志与制止不正当竞争行政执法

依《商标法》第六十条、第六十一条,商标行政执法包括侵犯注册商标专用权的处理与查处。执法主体处理时,认定侵权成立的,可责令侵权人承担停止侵权的民事责任,并承担没收、销毁侵权商品和主要用于制造侵权商品、伪造注册商标标识的工具以及罚款的行政责任。五年内重复侵权或有其他严重情节的,从重处罚。对不知其销售的是侵权注册商标专用权的商品、有合法来源的销售者,执法主体责令其停止销售。在处理过程中,经当事人请求,执法主体可以对侵犯注册商标专用权的赔偿数额进行调解。调解达成协议后不履行的,不能向法院申请强制执行。查处侵犯注册商标专用权的行为引发行政责任,责任同处理作出的行政处罚。《商标法》第六十二条赋予执法主体一定的调查取证与采取强制措施的权力。《商标法实施条例》第八十二条还赋予查处商标侵权的执法主体要求权利人对涉案商品是否为权利人生产或者其许可生产的产品进行辨认的权力。

对于地理标志,我国并未采取专门制度,而是通过《商标法》《地理标志产品保护规定》《农产品地理标志管理办法》提供保护。如果地理标志注册为集体商标或证明商标,则对地理标志的行政执法同前述商标行政执法。如果地理标志在农业部登记或者经国家质量监督检验检疫总局(现被并入市场监督管理总局)审批,则由广东省农业厅或广东省市场监督管理局作为行政执

法主体。依《地理标志产品保护规定》第二十一条，广东省市场监督管理局有权对违法行为进行查处，包括：擅自使用或伪造地理标志名称及专用标志的；不符合地理标志产品标准和管理规范要求而使用该地理标志产品的名称的；使用与专用标志相近、易产生误解的名称或标识及可能误导消费者的文字或图案标志，使消费者将该产品误认为地理标志保护产品的行为。查处引发行政责任，执法主体给予行政处罚的依据，依《地理标志产品保护规定》第二十四条，是《产品质量法》《标准化法》《进出口商品检验法》等有关法律。

与知识产权相关的不正当竞争行为包括《反不正当竞争法》第六条的混淆行为、第九条的侵犯商业秘密的行为以及依第二条一般条款禁止的尚未类型化的不正当竞争行为。依《反不正当竞争法》第三、第四条，各级人民政府的工商局为行政执法主体。在2018年机构改革后，行政执法主体也变更为市场监管综合执法队伍。

行政执法主体对不正当竞争行为进行查处。依《反不正当竞争法》第十八条，对混淆行为，执法主体有权责令停止违法行为（民事责任），还有权给予行政处罚：没收违法商品，可以并处罚款。情节严重的，吊销营业执照。依《反不正当竞争法》第二十一条，对侵犯商业秘密行为，执法主体有权责令停止违法行为（民事责任），还有权给予行政处罚；依情节轻重，处以数额不等的罚款。为保障执法主体依法履行其执法职能，《反不正当竞争法》第十三条赋予一定的调查取证及采取行政强制措施的权力，第十六条赋予任何单位和个人举报涉嫌不正当竞争行为的权利，第十五条则为调查取证的执法主体设立保守商业秘密的义务。依《反不正当竞争法》第十四条，相关当事人负有配合、协助调查的义务，第二十八条则对违反该义务、妨碍调查的行为给予行政处罚：责令改正，罚款，并可由公安机关给予治安管理处罚。

（三）植物品种权行政执法

广东省农业厅及林业局分别为农业与林业植物品种权行政执法主体。依《植物新品种保护条例》第三十九条、第四十条，植物品种权行政执法包括品种权侵权的处理、查处以及假冒授权品种的查处。品种权侵权的处理，既涉及民事责任，也涉及行政责任。民事责任包括停止侵权行为与赔偿损失。赔偿损失建立在调解的基础之上，而非由执法主体责令作出。值得注意的是，依该条例第三十九条第二款，就侵权所造成的损害赔偿达成的调解协议，当事人应当履行，这表明调解协议可作为执行依据。另外，执法主体责令停止侵权行为，依其第三十九条第三款，须出于维护社会公共利益的目的。行政责任包括没收违法所得和植物品种繁殖材料、罚款。

查处引发的责任同处理。对于假冒授权品种，执法主体有权责令停止假冒行为，没收违法所得和植物品种繁殖材料，罚款。依该条例第四十一条，查处品种权侵权和假冒授权品种的执法主体拥有一定的调查取证与采取行政强制措施的权力。

（四）展会知识产权保护

广东是举办展会的大省。对于展会期间的知识产权保护，广东已发展出一套行之有效的特色制度。这套制度由两个部分构成：一个是外部的行政执法主体对展会期间侵犯知识产权行为的处理与假冒行为的查处机制，另一个是展会内部的侵权处理机制。下文将对这两个部分分别展开阐述。

1. 外部机制

依《展会知识产权保护办法》的规定，展会期间负责知识产权行政执法的主体是展会举办地的著作权、商标权及专利权行政执法主体，即展会举办地的文化市场综合执法队伍与市场监管综合执法队伍。若展会结束时案件尚未处理完毕的，案件要移交给有管辖权的知识产权行政执法主体处理。

专利行政执法主体在展会期间的职责包括：接受展会投诉机构移交的关于涉嫌侵犯专利权的投诉；受理展出项目涉嫌侵犯专利权的专利侵权纠纷处理请求；受理展出项目涉嫌假冒他人专利和冒充专利的举报，或者依职权查处展出项目中假冒他人专利和冒充专利的行为。商标行政执法主体在展会期间的职责包括：接受展会投诉机构移交的关于涉嫌侵犯商标权的投诉；受理侵犯商标专用权的投诉；依职权查处商标违法案件。著作权行政执法主体在展会期间的职责包括：接受展会投诉机构移交的关于涉嫌侵犯著作权的投诉；受理侵犯著作权的投诉。

对涉嫌侵犯知识产权的投诉，认定侵权成立的，相关行政执法主体不是依据《著作权法》《商标法》《专利法》的相关规定作出处理，而是会同会展管理部门依法对参展方进行处理。对在展会期间假冒他人专利或以非专利产品冒充专利产品，以非专利方法冒充专利方法的行为，专利行政执法主体依《专利法》的相关规定进行处罚。对侵犯著作权及相关权利的处理请求，认定侵权成立的，著作权行政执法主体依《著作权法》相关规定进行处罚，没收、销毁侵权展品及介绍侵权展品的宣传材料，更换介绍展出项目的展板。对有关商标案件的处理请求，认定侵权成立的，商标行政执法主体依《商标法》《商标法实施条例》等相关规定进行处罚。对侵犯发明或者实用新型专利权的处理请求，认定侵权成立的，专利行政执法主体责令侵权人立即停止侵权行为，并责令被请求人从展会上撤出侵权展品，销毁介绍侵权展品的宣传材料，更换介绍侵权项目的展板。对侵犯外观设计专利权的处理请求，被请求人在展会上销售其展品，认定侵权成立的，专利行政执法主体责令侵权人立即停止侵权行为，并责令被请求人从展会上撤出侵权展品。依《展会知识产权保护办法》第十八条、第二十一条、第二十三条，相关行政执法主体拥有一定的调查取证权力。

依《广东省展会专利保护办法》的规定，展会期间的专利行政执法包括专利侵权纠纷的处理（处理适用调解）与假冒专利的查处，由展会所在地的专利行政执法主体负责。下文仅对具备特殊性的展会专利侵权纠纷的处理进行阐述。展会举办时间在3日以上，在其认为有必要时，专利行政执法主体可以派员驻会，并设立临时的专利侵权纠纷受理点，接受专利权人或者利害关系人提出的专利侵权纠纷处理请求。除非事实清楚、证据确凿充分、争议不大并且符合如下情形之一，应适用简易程序外，专利侵权纠纷案件的处理应适用普通程序：专利权人或者利害关系人仅要求被投诉人停止在本届展会中的侵权行为；已经生效法律文书认定专利侵权的；被投诉的参展展品的技术方案或者外观设计与发明、实用新型或者外观设计专利权相同的；其他可以适用简易程序的情形。专利权人或者利害关系人提出专利侵权纠纷处理请求的时间距离展会结束不足48小时，不适用简易程序处理。除非请求保护的专利权正处于无效宣告请求程序中且无效理由明显成立，符合以下条件的，专利行政执法主体应予立案：提交专利侵权纠纷处理请求书、证据，以及身份证明、营业执照等资料；请求人是专利权人或者利害关系人；有明确的被请求人；有明确的请求事项和事实、理由；当事人未向人民法院起诉；属于该专利行政部门管辖范围和受理事项范围；重复侵权的，请求人还应当提交已经生效的行政处理决定、民事裁判或者仲裁裁决文书。适用简易程序立案的案件，请求人还应当提供担保，并提供落入专利权的保护范围的对比分析材料和国务院专利行政部门出具的实用新型检索报告或者专利权评价报告以及相关证明材料。按照简易程序立案的案件，通过现场对比无法判断是否落入专利权的保护范围等案情复杂的，转为普通程序。专利行政执法主体处理展会专利侵权纠纷案件，可以到被请求人的展位进行现场检查，查阅、复制与案件有关的文件，询问当事人，采取拍照、摄像、抽样等方式调查取证。

2. 内部机制

依《广交会涉嫌侵犯知识产权的投诉及处理办法》（2017年修正）与《广交会专利侵权纠纷投诉案件处理操作规程》的规定，广交会业务办设立的知识产权和贸易纠纷投诉接待站（以下简称"投诉站"）是广交会知识产权的准行政执法主体。广交会邀请政府有关知识产权行政管理部门派员以专家身份进驻广交会，作为投诉接待站的工作人员，指导和协助投诉站对涉嫌侵犯知识产权的投诉进行调查处理。《广交会专利侵权纠纷投诉案件处理操作规程》将参与驻会的执法人员在专利侵权纠纷案件中的"指导和协助"角色明确为"鉴定专家"，贯穿投诉案件处理全过程。在专利侵权纠纷案件中，投诉站还实行两级合议制度。在广交会A、B、C三个展区内设立一级案件合议组，由抽调的国家局、省局和市局的业务骨干组成，负责对各展区内的重大疑难案件进行审查。而由国家局、省局和市局的处级干部组成的二级案件合议组，则负责对各展区的重大疑难投诉进行合议，对各展区的投诉进行指导和督查。

投诉站管辖广交会期间发生在展馆内涉嫌侵犯知识产权的投诉的处理。投诉站在展馆内不同区域设置工作点，负责受理对当届、当期展会该区域内发生的涉嫌侵犯知识产权行为的投诉。

合格的投诉启动投诉站对展馆内侵犯知识产权行为进行处理的程序。经投诉后，投诉站要进行审核，以判断是否为合格的投诉。对于合格的投诉，投诉站则予以受理。依《广交会涉嫌侵犯知识产权的投诉及处理办法》的规定，通常，合格的投诉需要满足合格的投诉人与提交规定的投诉材料这两个方面的条件。合格的投诉人，无论是本人还是代理人，必须是持有参加当届广交会有效证件的与会人员。对专利侵权的投诉，本人具体是指专利权人、有独立请求权的专利实施被许可人、专利权的合法继承人。对于产品内部结构、产品制造方法涉嫌侵权的投诉，以及对往届投诉站处理过的知识产权投诉而本届再次发现的同一侵权个案，投诉人必须在规定的投诉材料之外，额外提交其他相关材料，否则投诉站可不予受理。对涉及大型机械设备、精密仪器内部结构、产品制造方法等现场难以判定的专利投诉，投诉站可不予受理。对于同一投诉人就同一知识产权向同一被投诉人提出的重复投诉，投诉站一般不予受理。投诉站受理、立案后，即派员到涉嫌侵权的参展展位进行调查。投诉站工作人员有权通过拍照、录音录像等方式进行现场取证，还有权根据案件情况要求被投诉人提供有关证据。经调查审议，投诉站初步认定涉嫌侵权的，被投诉人应当场进行不侵权的举证。被投诉人未能在当场进行不侵权的有效举证，则需承受投诉站作出的相关处理决定；但可在处理决定作出后的一个工作日内到投诉站提出抗辩并提供相关证据。抗辩不成立的，投诉站仍按涉嫌侵权的处理决定采取相应措施。一旦认定涉嫌侵权，投诉站有权要求涉嫌侵权参展企业"自撤"涉嫌侵权的相关展品，或者暂扣涉嫌侵权的相关展品。在一定情形下，投诉站有权对涉嫌侵权参展企业采取交易团通报、大会通报、扣减其下一届广交会展会、取消参展资格等处理方式。对在同一期广交会的大面积投诉，在征得投诉人同意的前提下，可移交商会进行快速处理；如投诉人不同意，则由投诉站按上述一般程序处理。

（五）综合性知识产权行政执法

1. 知识产权边境保护

广东省内的海关对侵害著作权、商标权与专利权的进出口货物进行查处，从而禁止侵犯知识产权的货物从广东进出口。

依《知识产权海关保护条例》的规定，海关有权对涉嫌侵权的进出口货物进行扣留。扣留措施的采取须依知识产权权利人的申请。知识产权权利人的申请，既可因权利人自己发现涉嫌侵权货物即将进出口，也可因海关发现进出口货物有侵权嫌疑而引起。依该条例第十三条、第十四条，权利人提交了合格的申请书、提供足以证明侵权事实明显存在的证据以及提供不超过涉嫌侵权货物价值的担保的，海关应当对涉嫌侵权货物进行扣留。对于因海关发现进出口货物有侵权嫌疑而引起的权利人扣留申请，海关自扣留货物之日起30个工作日内对被扣留的侵权嫌疑货物是否侵害知识产权进行调查。依该条例第二十条第一款、第二十二条，知识产权权利人与收货人或发货人负有配合调查的义务，有关知识产权主管部门经海关请求负有协助调查的义务。经调查，认定侵犯知识产权的，海关对被扣留的货物予以没收。被没收的侵犯知识产权货物可以用于社会公益事业的，海关应转交给有关公益机构用于社会公益事业；知识产权人权利人有收购意愿的，海关可以有偿转让给知识产权权利人。被没收的侵犯知识产权货物无法用于社会公益事业且知识产权权利人无收购意愿的，海关可以在消除侵权特征后依法拍卖，但对进口假冒商标货物，除特殊情况外，不能仅清除货物上的商标标识即允许其进入商业渠道；侵权特征无法消除的，海关应予以销毁。

2. 打击侵犯知识产权和制售假冒伪劣商品专项行动

2010年，国务院办公厅印发了《打击侵犯知识产权和制售假冒伪劣商品专项行动方案》。在中央层级形成全国打击侵犯知识产权和制售假冒伪劣商品专项行动领导小组，各省、自治区、直辖市也成立打击侵犯知识产权和制售假冒伪劣商品专项行动领导小组，作为"双打行动"的组织领导机构。

依该通知，"双打"专项行动的工作目标是通过开展打击侵犯知识产权和制售假冒伪劣商品专项行动，严肃查处一批国内外重点关注的侵犯知识产权大案要案，曝光一批违法违规企业，形成打击侵犯知识产权行为的高压态势；增强企业诚信守法意识，提高消费者识假辨假能力，形成自觉抵制假冒伪劣商品、重视知识产权保护的社会氛围，营造知识产权保护的良好环境；加强执法协作，提高执法效能，加大执法力度，充分发挥知识产权行政保护和司法保护的作用，全面提高各地区、各部门保护知识产权和规范市场秩序的水平。"双打"专项工作的重点是以保护著作权、商标权以及专利权和植物新品种等为重点内容，以产业制造集中地、商品集散地、侵犯知识产权和制售假冒伪劣商品案件高发地为重点整治地区，以新闻出版业、文化娱乐业、高新技术产业、农业为重点整治领域，以图书、音像、软件、大宗出口商品、汽车配件、手机、药品、种子等为重点查处产品，遏制规模性侵犯知识产权行为，大力净化市场环境。与行政执法相关的工作任务包括：加大生产源头治理力度，加强市场监督管理，强化进出口环节和互联网等领域的知识产权保护。

三、广东涉外知识产权行政保护制度的实效

本章第二部分聚焦"行动中的法"，呈现 2018 年度广东知识产权行政执法制度在涉外案件领域的表现，以供第三部分提供建议之用。

（一）2018 年广东涉外知识产权行政执法数据统计

2018 年，广东省市场监管部门共受理各类专利案件 6611 件，结案 6501 件，同比增长 12.70% 和 11.76%。处理电商领域各种专利纠纷 1005 件。2018 年，广东省市场监管部门查处各类商标违法案件 3550 件，案值 5033.8 万元，罚没款 5021.9 万元。处理香港海关通报的案件信息 24 件。以新修订的《反不正当竞争法》为契机，查处不正当竞争行为案件 1264 件，案值 2626.36 万元。其中，查处混淆行为案件 410 件，案值 262.92 万元。

2018 年，广东省共查处侵权盗版案件 184 件，行政处罚 70 余万元。广东省各级版权行政执法部门连续 13 年开展网络版权治理"剑网"专项行动。主动监管网站 309 余家，查办案件 184 件，收缴侵权盗版出版物达 8976 册；办理国家版权局移转案件 13 件。完成 305 家企业软件正版化督查工作。文化行政执法部门出动执法人员 62 万人次，检查各类文化市场经营场所 23 万家次，办结案件 1855 件，罚没款 910 万元，责令停业整顿 65 家次，吊销许可证 15 家。广州市文化市场综合行政执法总队 2018 年荣获国家版权局和世界知识产

权组织（WIPO）联合颁发的中国版权保护最高奖项"中国版权金奖"。

2018年，广东省内海关共采取知识产权执法措施3699次，涉及侵权嫌疑货物3326.5万件，货值4.6亿元，阻止了侵权货物在中国与108个国家和地区之间的流通，保护了660家（个）权利人的知识产权。省内海关组织开展出口知识产权优势企业知识产权保护专项行动，共针对涉嫌侵犯自主知识产权货物采取执法措施700批次，涉及侵权嫌疑货物67.7万件，货值839.6万元。省内海关组织网络市场监管专项行动，在邮递及跨境电商渠道共采取知识产权保护措施505批次，共查获侵权嫌疑案件186宗，涉及侵权嫌疑货物60.9万件。通报移送案件或线索40起。2018年，广东海关共查获涉及香港、澳门的侵权货物342批次、货物25.8万件，案值超1017万元。

第123届、第124届广交会共受理专利投诉案件551宗，认定涉嫌侵权企业324家。

2018年，广东相关知识产权行政执法部门除了进行日常执法外，还开展了一些专项执法行动。广东省2018年度的"剑网"行动对三个领域进行集中整治：一是开展网络转载版权专项整治。二是开展短视频版权专项整治。一方面，重点打击短视频领域的各类侵权行为；另一方面，引导短视频平台企业规范版权授权和传播规则，构建良性发展的商业模式。三是开展重点领域版权专项整治。具体包括三个重点领域：第一，动漫领域版权集中治理。第二，网络直播、知识共享、有声读物平台版权集中治理；第三，巩固"剑网"行动治理成果。广东省2018年度的"护航""雷霆"行动以经济发达或者案件多发地区为重点地区，以电子商务、食品药品、环境保护、安全生产、高新技术为重点领域，以展会、进出口为重点环节，结合本地实际，选择最能体现本地特点的相关领域，以权利人反响强烈、情节严重和社会影响较大、关注度高的案件为重点案件，深入开展具有本地特色的执法专项行动。重点任务包括：一是严肃查处专利侵权大案要案；二是严厉打击假冒专利行为；三是切实做好电子商务领域专利保护工作；四是继续加强展会知识产权保护工作；五是积极开展专利执法协作。

（二）2018 年广东涉外知识产权行政执法的典型案例

1. 歌思福株式会社请求处理专利侵权纠纷案

该案系歌思福株式会社请求处理广州市番禺银联珠宝首饰厂涉嫌侵犯专利号 ZL201430053992.5、名称为"首饰保持器"的外观设计专利权纠纷案。❶

歌思福株式会社于 2014 年 3 月 18 日向国家知识产权局提出"首饰保持器"外观设计专利申请，并于 2014 年 9 月 10 日获得授权，专利号为 ZL201430053992.5。该专利权当前仍然有效。

广州市知识产权局经审理后认为，该案专利所涉及的产品是名为"首饰保持器"的首饰配件，涉案产品也是首饰配件，两者属于同类产品，在功能、用途上相类似，具有可比性。通过对比，由于涉案产品与该案专利的产品属于相同类别的产品，而且两者均具有底座、环扣和卡爪三个相同的设计元素，虽然在环扣和卡爪的设计上存在一些细微的差别，但是仍然不能形成对整体设计的影响。两者已构成相近似，涉案产品的外观设计落入该案专利的权利保护范围。经审理查明，被请求人存在制造、销售和许诺销售涉案产品的行为。

广州市知识产权局据此认为，被请求人制造、销售和许诺销售被控侵权产品的行为，已经侵犯了涉案专利权。依照《专利法》第六十条和《广东省专利条例》第三十七条的规定，决定：责令被请求人广州市番禺银联珠宝首饰厂立即停止制造、销售、许诺销售侵犯专利号为 ZL201430053992.5、名称为"首饰保持器"的外观设计专利权产品。

2. 本田技研工业株式会社请求处理专利侵权纠纷案

该案系本田技研工业株式会社请求处理增城市东阳摩托车实业有限公司涉嫌侵犯其专利号 ZL200930187461.4、名称为"摩托车"的外观设计专利权纠纷案。❷

本田技研工业株式会社于 2009 年 5 月 27 日向国家知识产权局提出"摩

---

❶ 参见广州市知识产权局穗知法字〔2018〕第 2 号专利侵权纠纷处理决定书。
❷ 参见广州市知识产权局穗知法字〔2018〕第 5 号专利侵权纠纷处理决定书。

托车"外观设计专利申请,并于 2010 年 5 月 19 日获得授权,专利号为 ZL200930187461.4,该专利目前的法律状态为授权。请求人委托代理人在被请求人官方网站上,提取了被请求人展示的型号为"SY125-17S"的摩托车图片。

广州市知识产权局经审理后认为,该案专利权真实、有效,应当依法予以保护。被控侵权产品为摩托车,与涉案专利属于同类产品,在功能、用途上相同,具有可比性。被控侵权产品在网站上的图片可以用来与涉案专利进行对比。通过整体观察、综合判断可以看出,被控侵权产品主要设计特征与涉案专利相似,存在局部细微的差别,以一般消费者整体视觉效果上判定无实质差异,两者构成相近似,被控侵权产品的外观设计落入涉案专利的保护范围。作为以摩托车生产、销售为主营业务的被请求人在其官方网站上展示印有型号"SY125-17S"的摩托车图片,证明被请求人实施了许诺销售被控侵权产品的行为。

广州市知识产权局据此认为,被请求人未经专利权人许可实施了许诺销售型号为"SY125-17S"的摩托车的行为,侵犯了涉案专利的专利权。依照《专利法》第六十条和《广东省专利条例》第三十七条的规定,决定:责令被请求人增城市东阳摩托车实业有限公司立即停止许诺销售侵犯专利号为 ZL200930187461.4、名称为"摩托车"的外观设计专利权的型号为"SY125-17S"的摩托车;撤销所有型号为"SY125-17S"的摩托车宣传图片的网页广告。

3. 阿迪达斯有限公司请求处理专利侵权纠纷案

该案系阿迪达斯有限公司请求处理广州市荔湾区强力文体经营部涉嫌侵犯其专利号为 ZL201730227732.9、名称为"运动用球"的外观设计专利权纠纷案。[1]

阿迪达斯有限公司于 2017 年 6 月 7 日向国家知识产权局提出名为"运动用球"的外观设计专利申请,并于 2018 年 1 月 9 日获得授权,专利号为

---

[1] 参见广州市知识产权局穗知法字〔2018〕第 11 号专利侵权纠纷处理决定书。

ZL201730227732.9，目前法律状态为有效。请求人发现，被请求人广州市荔湾区强力文体经营部在其实体店展示宣传被控侵权产品。请求人认为，被请求人许诺销售的被控侵权产品与涉案专利属于相同种类商品，采用了与涉案专利相同的外观设计方案，涵盖了涉案专利的所有必要设计特征，落入了涉案专利的保护范围。故被请求人的行为已构成对涉案专利的侵犯。请求人向广州市知识产权局提出处理请求：请求判定被请求人销售被控侵权产品的行为侵犯涉案专利权；判令被请求人立即停止销售、许诺销售被控侵权产品行为。

广州市知识产权局经审理后认为，涉案专利权真实、有效，应当依法予以保护。通过对比在被请求人经营场所取样的被控侵权产品与涉案专利，可以看出：两者均为圆球状球类产品，被控侵权产品的主、后、左、右、俯视、仰视图、立体图与涉案专利的主、后、左、右、俯视、仰视图、立体图形状没有明显区别，被控侵权产品球体图案中采用了与涉案专利同样的独特的不规则六边形外观图案，只是将该六边形图案在球体上的组合位置关系相对涉案专利进行了改变，但仍足以让一般消费者产生视觉上的混淆，把两者视为相近的产品。被控侵权产品与涉案专利的主要设计特征基本相同，存在的局部细微差别对整体视觉效果不产生显著影响，因此被控侵权产品与涉案专利外观设计相近似，被控侵权产品落入涉案专利的保护范围。作为以体育用品销售为主营业务的被请求人，其在经营店铺展示被控侵权产品即为以生产经营目的许诺销售，是被请求人以展出方式作出销售被控侵权产品的意思表示，被请求人已实施了许诺销售被控侵权产品的行为。被请求人辩称是供应商提供的样品作陈列，在其实体店展示样品的行为不属于许诺销售，广州市知识产权局不予支持。因无证据证明被请求人有销售被控侵权产品的行为，请求人主张的被请求人销售被控侵权产品行为，广州市知识产权局不予支持。

广州市知识产权局据此认为被请求人实施了许诺销售被控侵权产品行为，侵犯了请求人所拥有的涉案专利权。依照《专利法》第六十条和《广东省专利条例》第三十七条第一款的规定，决定：责令被请求人广州市荔湾区强力文体经营部立即停止许诺销售侵犯专利号为ZL201730227732.9、名称为"运动用球"外观设计专利权的被控侵权产品型号为"801"的足球,并销毁被控侵权产品。

4. 入选2018年中国海关知识产权保护十大典型案例的涉外案件

(1) 天津、南京、黄埔、福州、拉萨海关开展中俄海关2018年世界杯足球赛知识产权保护联合执法行动系列案。

中俄海关于2018年3月1日至6月30日期间开展了为期4个月的2018年世界杯足球赛知识产权保护联合执法行动。行动期间,黄埔海关先后查获6批进口自或出口至俄罗斯的侵犯国际足球联合会及俄罗斯世界杯赞助企业商标专用权的球衣、运动裤、运动鞋、足球等货物共计1.4万件。

(2) 广州、江门、拱北、海口海关在全国通关一体化模式下合作查获侵权货物系列案。

广州海关与江门海关通过开展跨关区执法协作,共同研判权利人提供的情报信息,同步下达预定式布控指令,广州海关所属南沙海关、江门海关所属外海海关、高沙海关,共查获7个集装箱共计423.4万粒侵犯"SUNWATT及图形(指定颜色)"商标专用权的电池。为开展溯源打击,江门海关利用与地方知识产权行政执法部门的信息共享机制,及时将所掌握的未报关但涉嫌侵权的电池情况通报市场监管部门,在当事人厂房内查扣了另一批即将申报出口的电池,共计4个集装箱。

(3) 黄埔、拱北海关跨境电子商务零售进出口专项行动查获侵权货物系列案。

黄埔海关结合国家市场监管总局、海关总署等八部门联合部署的"2018网络市场监管专项行动(网剑行动)",开展跨境电商零售进出口知识产权专项行动,全年累计查获28宗跨境电商渠道侵权案件,截获涉嫌侵权包裹916批次,涉嫌侵权商品30.6万件。其中,2018年9月29日,该关在对东莞某进出口贸易有限公司出口至香港(地区)的跨境电商商品进行查验时,在车辆中部正常申报的商品中发现夹藏615台使用"apple""sumsang""HUA-WEI"等商标的手机,涉嫌侵犯苹果公司、三星株式会社、华为的商标专用权。

（4）深圳海关查获出口侵犯"空心对管轴键盘"专利权货物案。

2018年9月29日，深圳海关所属蛇口海关根据布控指令对某企业服务（东莞）有限公司申报出口至韩国的一批机械键盘实施查验。经与权利人代表现场勘验比对，其中东莞某电子有限公司生产的6027个机械键盘（K660型，有线），涉嫌侵犯深圳市晶泰电子有限公司"空心对管轴键盘"专利权；同时，还发现另有相类似的机械键盘（CK801型，有线）1003个、机械键盘（CK801-Ⅱ型，有线）1000个也涉嫌侵犯该专利权。涉案货物价值从94.6万元扩大到129.56万元。海关立案调查后，收发货人承认侵犯权利人的专利权并寻求和解。2018年10月18日，权利人向蛇口海关提交撤回保护申请书，并提交了权利人与收发货人的和解协议，双方签订相关专利的许可协议，权利人的合法权利得到有力保护。

四、广东涉外知识产权行政执法的完善建议

综合本章第一部分对广东知识产权行政执法制度的梳理与第二部分对这套制度在2018年的实效展示，可以说，广东知识产权行政执法制度已经相当完备，实际运作效果也有目共睹。但是，仍有一些地方有待改进。"改革只有进行时，没有完成时。"必须不断对广东行政执法制度进行改革，使其能够更好地服务于广东引领型知识产权强省建设、营商环境的改善、创新驱动发展以及为我国改革开放事业再立新功。

（一）海关知识产权行政执法的改进建议

海关执法处置的就是涉外案件。因此海关知识产权行政执法的改进，对广东涉外知识产权行政执法起着直接的促进作用。本章将就现在争议较大的两类行为——平行进口和贴牌加工（OEM）的法律适用给出建议，从而改进海关的知识产权行政执法。

先说平行进口。平行进口问题贯穿整个知识产权法。平行进口是一种特殊的进口行为，是指未经许可，将知识产权人自己或授权他人在国外市场投放的固定有受著作权、专利权与商标权保护的作品、发明、实用新型、外观设计、注册商标的商品，进口到另一个该知识产权人同样拥有权利的国家。

海关执法必定会碰到这类特殊的进口。问题是，平行进口是否合法？如果不合法，海关应予没收，不准入境；如果合法，海关则应予放行。平行进口的合法性是一个悬而未决的问题。从法律上说，平行进口合法与否取决于权利用尽（发行权、专利权与商标权用尽）的地域范围。如果采取国内穷竭原则，则平行进口侵害了知识产权；如果采取国际穷竭原则，则平行进口完全合法，可以自由实施。问题是，在权利穷竭的地域范围上到底该采取国内标准还是国际标准？对于商标领域而言，这个问题的答案可以从法律内部寻获。在以下两个场合，贴有注册商标的商品的平行进口应采取国内标准：一个是出口国与进口国的商品存在实质性差异；另一个是独占被许可人在进口国建立了独立的商誉。先说第一种情形。不同国家必定存在差异化的自然环境、消费文化，商标权人极有可能针对这些差异，对其商品进行适应性的调整，然后将这些看起来一样、但实际上已作差异化处理的同一款商品分别投放相应国家的市场。如果在这种场合允许平行进口，就会使得原本专供出口国的同一商品流入进口国市场，使进口国不明所以的消费者体验到这些不合其偏好的商品，从而损及商标权人在进口国的商誉，不利于激励商标权人培育商誉，违背商标法的立法目标。再说第二种情形。所谓"独立的商誉"，是指独立于商标权人的商誉。换句话说，进口国的消费者之所以选购贴有涉案注册商标的商品，不仅是因为商标权人的商誉、口碑，而且因为独占被许可人的商誉、口碑。独占被许可人通过广告宣传、提供售后服务等方式来建立自己的、与贴有被许可商标的商品相关的声誉。基于独占许可的属性，在进口国市场上仅有被许可人一人在销售贴有涉案注册商标的商品，如果在这种场合允许平行进口，那么进口国市场将多出一个销售者。平行进口商事先并未进行商誉投资，但其可以搭已然建立独立商誉的独占被许可人的便车，从而影响独占被许可人作商誉投资的激励。总而言之，对商标领域的平行进口问题，只要不损及商誉投资激励，其就是合法的，从而让进口国消费者享受竞争带来的消费者剩余。但对于著作权和专利权领域而言，答案取决于在没有国际义务的前提下，对于一个国家而言，国内标准与国际标准哪一个能带来更大的净收益。而这个问题的答案又因进口国是知识消费国还是输出国而异。就目前的情况而言，我国仍是作品与专利产品的消费国，从国家利益出发，著作权与专利权领域的平行进口应予允许。广东海关面临平行进口案件时应遵循前述准则。

再说贴牌加工。在国际贸易中，贴牌加工是指境内承揽人依合同约定为境外委托人生产产品，并在所生产的产品上贴上境外委托人提供的商标，最终将贴有该商标的产品交付境外委托人的行为。关于贴牌行为是否构成对商标权的侵害，一直存有争议。2010年海关总署曾就贴牌加工出口的产品是否侵害商标权致函征询最高人民法院的意见。贴牌加工定性的困难，体现在需要适用2001年《商标法》第五十二条第（一）项与2013年《商标法》第五十七条第（一）项的案件，因为这两个条款都没有"容易导致混淆"这个要件。在这些情形下，法院对待贴牌加工的态度从早期的侵权转变为不侵权，只不过法院用以支撑其不侵权结论的论据有所变化。截至目前，共出现过三个论据。法院最初使用的论据是贴牌加工产品不进入国内市场流通，因此国内消费者不可能接触到贴牌加工产品，更不可能发生混淆。法院实际上是对2001年《商标法》第五十二条第（一）项与2013年《商标法》第五十七条第（一）项进行目的性限缩，在相同或类似商品上使用与注册商标相同或近似的商标（2001年《商标法》），或者在相同商品上使用与注册商标相同的商标（2013年《商标法》），容易导致混淆的，才构成侵权。换句话说，仅在相同或类似商品上使用与注册商标相同或近似的商标，但不存混淆之虞的，不构成侵权。法院使用的第二个论据是商标使用论据。在"亚环案"中，最高人民法院认为境内承揽人在产品上贴附境外委托人提供的商标的行为并非商标使用，而是"物理贴附行为"。为什么最高人民法院要放弃混淆论据，而改采作为商标侵权构成要件的商标使用论据？理由或许是第一个论据可能会引发解释论上的争议。境内承揽人在产品上贴附境外委托人提供的商标的行为，如果从与境外委托人的关系来看，其实是一种帮助境外委托人进行商标使用的行为。如果不进行目的性限缩，商标使用论据又被驳倒，境内承揽人必定要承担侵权责任。为了避开这个不利后果，必须引入新的论据。这就是法院使用的第三个论据——境内承揽人的注意义务。如果境内承揽人没有违反注意义务，则无过失，因此不承担侵权责任。只不过，关于境内承揽人的注意义务，尚缺乏统一的认识。当海关碰到贴牌加工案件时，建议采用"无混淆之虞"论据，允许贴牌加工产品出境。

（二）完善快速维权机制，提高维权效率

2018年，广东初步形成了"1+3+7"知识产权保护大格局。其中，"1"是指广东省知识产权保护中心，加挂中国（广东）知识产权保护中心牌子。"3"是指三个国家级知识产权保护中心，即中国（广东）知识产权保护中心、中国（佛山）知识产权保护中心与中国（深圳）知识产权保护中心。三个国家级知识产权保护中心都负责快速协同保护工作，只不过产业侧重有所不同：中国（广东）知识产权保护中心面向新一代信息技术和生物产业，中国（佛山）知识产权保护中心面向智能制造装备和建材产业，中国（深圳）知识产权保护中心面向新能源和互联网产业。所谓"快速协同保护"是指对重点产业提供的集快速审查、快速确权、快速维权于一体，审查确权、行政执法、维权援助、仲裁调解、司法衔接相联动的保护机制。"7"是指七个行业知识产权国家级快速维权中心，分别是中国中山（灯饰）知识产权快速维权中心、中国顺德（家电）知识产权快速维权中心、中国东莞（家具）知识产权快速维权中心、中国广州花都（皮革皮具）知识产权快速维权中心、中国阳江市（五金刀剪）知识产权快速维权中心、中国汕头（玩具）知识产权快速维权中心和中国潮州（餐具炊具）知识产权快速维权中心。这七个中心虽名为"快速维权"中心，但其职能也是快速协同保护，并不限于快速维权。限于主题，这里仅关注与行政执法相关的职能。从快速维权中心的实践来看，七个中心实际上承担了程度不等的知识产权行政执法职能，包括调处专利纠纷（阳江中心）；知识产权案件的调查取证、调解、查处及移送（东莞、花都、潮州中心）；快速调解（中山、顺德中心）；专利侵权纠纷行政处理案件请求的接收、受理审查（中山、顺德中心）；受理知识产权侵权举报投诉、及时向有关知识产权行政执法机关移交违法线索并向举报人或投诉人反馈案件处理情况和结果（东莞、花都、阳江、潮州中心）；受委托进行行政执法（东莞中心）；协助、配合专利执法（中山、顺德、花都、阳江、潮州中心）。

广东的快速维权机制已得到广泛的认可。比如"建立知识产权快速维权机制"列入第一批基层改革创新经验复制推广清单。"专利快速审查、维权、确权一站式服务""建立大型展会快速维权工作机制"进入国家知识产权局"第一批知识产权强省建设试点经验与典型案例"。

知识产权与市场紧密相关,而市场瞬息万变、商机稍纵即逝,因此对知识产权的保护不仅要求充分,也要求及时。正所谓"迟来的正义非正义"。知识产权的保护如不及时,将会使权利人丧失进入特定市场的有利时机,置权利人于赢了"官司"、输了市场的不利境地,最终折损潜在创新者的创新激励,有悖知识产权法的立法目标,标榜迅捷高效的知识产权行政执法尤其要不断进行制度革新,提高执法效率。广东省快速协同保护机制的建设就是一个鲜明的体现。在"1+3+7"知识产权保护大格局初步形成的情况下,接下来要加强各中心之间的密切关系,将快速维权机制覆盖全广东,并且在各中心实际运作的过程中,总结经验,对可以进一步提升维权效率之处进行制度上的修补完善。

(三) 推动知识产权行政执法与司法保护的有效衔接

《国务院关于新形势下加快知识产权强国建设的若干意见》指出要"推动知识产权保护法治化,发挥司法保护的主导作用,完善行政执法和司法保护两条途径的优势互补、有机衔接的知识产权保护模式"。该意见在重申我国的知识产权保护模式为"行政执法+司法保护",并且司法保护居主导地位的基础上,进一步明确行政执法要与司法保护有机衔接,而有机衔接的内涵是优势互补。由是观之,实现行政执法与司法保护的有机衔接成为进一步提升我国知识产权保护水平的重要突破口。这当然也是进一步提升广东知识产权保护水平的重要课题。

实现行政执法与司法保护的有机衔接,关键在于对"优势互补"的精准把握。"优势互补"的表述意味着行政执法并非对司法保护的完全替代,其仅是补充。换言之,实现行政执法与司法保护的有机衔接,关键在于明确司法保护机制存在哪些缺陷,以至仅凭其自身无法供给最优的保护;而司法保护所存在的这些缺陷,恰恰是行政执法的比较优势所在。根据第一部分对现行行政执法制度的体系化梳理，知识产权行政执法分为知识产权民事纠纷的处理（在处理过程中可适用调解）和违法行为的查处。因此，司法保护的缺陷与行政执法的比较优势也需要区分处理与查处的情形，在此基础上进行制度完善。

先说知识产权民事纠纷的处理。处理知识产权民事纠纷这一类型的行政执法适用于绝大多数的知识产权类型，除了著作权与地理标志。知识产权民事纠纷（除专利外，指知识产权侵权纠纷）的处理，实质是行政机构为私权提供的救济。由于知识产权民事纠纷处理制度的存在，我国的私权救济公共服务市场上有两个供给者：法院和有关的行政执法部门。这是我国的特色所在；在其他国家或地区，私权救济公共服务市场是一个垄断市场，法院是唯一的供给者。我国行政机构对知识产权的救济机制是路径依赖的产物，具有深远的历史渊源。但当我们在当下进行有关知识产权救济的制度决策时，却不能考虑这些沉没成本。是否保留知识产权民事纠纷处理制度，以及知识产权民事纠纷处理制度该如何改造，根本上取决于法院垄断知识产权救济公共服务市场有没有缺陷，或者在有缺陷的情况下，这些缺陷能否在法院内部得到修补。其中，"有没有缺陷"的判断标准是，当改变知识产权救济公共服务的供给侧时，是否会产生激励效果上的增进；"法院能否在内部修补缺陷"的判断标准是比较优势。

关于法院垄断知识产权救济公共服务市场的缺陷，可能有两个来源：一个是法院认定侵权的能力，尤其是面对专利等涉及复杂技术问题的案件时；另一个是程序漫长、复杂。第一个可能的缺陷来源是站不住脚的。因此，缺陷只可能来源于第二个。高昂的法院诉讼程序运作费用对激励造成了损害。从第一部分的梳理看，现行的知识产权民事纠纷处理制度"司法化"趋向明显，程序机制也非常完备。因此导致行政处理机制携带有与司法诉讼机制一样的缺陷，一方面使知识产权保护的"双轨制"变成"单轨"重复，造成程序性的"重复"和"浪费"；另一方面使行政执法的效率性无从体现。❶ 因

---

❶ 汪旭东，刘玉，高鹏友. 专利侵权纠纷行政处理机制的发展和完善 [J]. 知识产权，2017（8）：38.

此，有学者主张行政处理应卸下程序的"重铠"，简化程序，恢复行政行为主动性、单方性的本性。❶ 但实际上，程序不仅是表面上的手续、步骤，而且它是机制化的商谈，是知识的生成机制。侵权与否的裁决正确性很大程度上是建立在程序之上的。行政执法的高效、低成本不是无代价的。这个代价就是决定的妥当性。依《最高人民法院关于审理专利纠纷案件适用法律问题的若干规定》第二十五条规定，"人民法院受理的侵权专利权纠纷案件，已经过管理专利工作的部门作出侵权或者不侵权认定的，人民法院仍应当就当事人的诉讼请求进行全面审查。"为什么法院明知会导致在先行政执法的空转、浪费，还要作出这样的规定？理由就在于人民法院"担心"行政执法部门作出的侵权或不侵权决定的"质量"。在这种情形下如果还要简化程序，那么行政执法部门"生产"出来的决定更难以获得法院的承认、接受。从这里可以看出，行政处理面临一个"鱼与熊掌"的问题：决定的质量，还是决定的高效率、低成本。为实现行政处理与司法保护的有机衔接，要么把行政处理定位为一个诉讼分流机制，将简单的纠纷交由行政处理负责，在此基础上作出的决定也就能获得法院的承认；要么建立一些机制，使行政执法部门能够在不依赖程序的情况下掌握为侵权判断所必需的知识。比如国家知识产权局于2019 年发布了《关于知识产权行政执法案例指导工作的规定（试行）》，从而建立起行政执法案例指导制度。广东省可以此为突破口，提升本省行政处理的效能与水平。行政处理也涉及调解的问题，尤其是侵权损害赔偿的调解。根据现行法，当事人在行政执法部门主持下达成的调解协议并非执行依据。因此当事人不履行协议的，另一方当事人只得起诉。鉴于在赔偿数额的确定方面，当事人比第三方更有优势，因此，如果在行政执法部门主持下达成的调解协议合乎调解生效的条件，应赋予其强制执行效力，❷ 改进行政处理与司法保护的互动。

再说行政查处。行政查处包括对侵害知识产权行为的查处与对假冒或冒

---

❶ 汪旭东，刘玉，高鹏友. 专利侵权纠纷行政处理机制的发展和完善［J］. 知识产权，2017（8）：40.

❷ 邓建志. 专利行政保护制度存在的正当性研究［J］. 湖南师范大学社会科学学报，2017（4）：90.

充行为的查处。此处仅讨论侵权行为的查处与司法保护的衔接。侵权行为的查处与司法保护，共同取向于侵权行为的预防。因此，在预防上的分工配合，构成了侵权行为的行政查处与司法保护有机衔接的关键。从经济学的视角来看，侵权行为的预防要求，使侵权人从侵权这个行动选项中获得的净收益不大于其机会成本，即从不侵权这个行动选项中获得的净收益。在一些情况下，侵权人从侵权中获得的净收益在扣除其所承担的民事责任后，仍大于机会成本，侵权人仍有激励实施侵权行为。这就要求在补偿性、填平性的赔偿之外，施加额外的成本。这个额外的成本，要让在扣除民事责任后的侵权净收益不高于机会成本，其数值等于查处、发现侵权的概率乘以施予侵权人的惩罚，如罚没、剥夺自由等。行政查处要履行的，就是施加这个额外成本，以实现预防。不过，行政查处所能施加的成本，是司法保护提供的预防机能的函数。侵害知识产权的刑事责任的预防性自不待言。近来，民事责任的惩罚性、威慑性、预防性的色彩渐浓。有关行政执法部门在查处时必须与司法保护进行协调，否则会使可能成为侵权人的潜在创新者采取过度预防，从而阻遏后续的创新。

  行政查处所能实现的预防，取决于查处侵权的概率与处罚力度这两个因素。给定查处侵权的概率或者处罚力度，处罚力度或者查处侵权的概率越大或高，则预防效果越好。鉴于在个案中，处罚力度因素要受法律文本、与刑事责任协调❶以及个案具体情况的制约，通过调整处罚力度来提升预防效果空间并不太大。因此，欲改善行政查处的效能，关键在于，提高查处侵权的概率。查处侵权，一方面要掌握侵害知识产权嫌疑的行为的信息，另一方面识别嫌疑行为是否构成侵害知识产权的知识。实践中，通常采用有奖举报制度、专项行动来提高查处侵权的概率。但是，这些获取信息的机制各有缺陷。侵害知识产权判断非常复杂，行政机关是否具备判断侵权的知识，大有疑问。❷

---

 ❶ 有学者注意到，就严厉程度而言，行政查处基础上给予的行政处罚不亚于刑事责任。参见曹博. 知识产权行政保护的制度逻辑与改革路径 [J]. 知识产权，2016（5）：60。因此，为避免以罚代刑，执法部门必须考虑与刑事责任的协调。

 ❷ 谢晓尧. 著作权的行政救济之道：反思与批判 [J]. 知识产权，2015（11）：7-8.

为增强行政查处的效能,广东必须进行制度上的创新,切实提升查处侵权的概率,尤其是使执法人员具备识别侵权的能力。

(四)通过知识产权行政执法案例指导制度提升执法人员的执法能力

经 2018 年国家机构改革,知识产权的行政执法职能不再由原先的知识产权行政管理、服务机构承担,而是由专门的行政执法队伍负责。这一制度上的转变,长远来看,必定是有效率的。鉴于有限的人员编制以及繁重的行政管理、服务职能,知识产权行政管理机构很可能无法有效地履行行政执法职能。由专门的行政执法队伍来负责执法的制度安排,则打破了原有制度面临的约束条件,使行政执法的开展具备了人员数量与时间上的保障。但执法主体的变化,也引发了一个亟待解决的问题,即专门执法队伍识别侵害知识产权行为的能力、知识的培育。新设或重组的专门行政执法队伍并无相应的知识,而侵害知识产权行为的认定又十分复杂。为了兑现所允诺的高效,必须寻找到程序之外的另一种学习机制。这就是案例指导。

国家知识产权局于 2019 年推行的知识产权行政执法案例指导制度,其旨趣正在于激活案例中"沉睡"的知识,以提升行政执法人员法律适用水平以及统一法律适用尺度。在我国的司法系统内,案例指导制度已行之有年。就知识产权司法领域而言,案例指导制度其实包括了两个迥然有别的运行模式:一个是权威模式,奉行"自上而下"的筛选、评选;另一个是市场模式,遵循思想市场中的优胜劣汰法则。权威模式即最高人民法院(及最高人民检察院)主导的案例指导制度,而北京知识产权法院的案例指导制度与东莞市第一人民法院率先在知识产权裁判中铺开的案例引证制度则是市场模式的代表。自推行以来,司法系统的案例指导制度已累积了正反两面的经验教训。但从《关于知识产权行政执法案例指导工作的规定(试行)》的内容来看,国家知识产权局并没有记取这些经验教训,其几乎"照搬"了最高人民法院的案例指导制度,因此也承继了该制度的缺陷。

相较于权威模式,市场模式的案例指导制度更能推进法律适用尺度统一的预设目标。统一法律适用尺度以及学习的必要性来源于在法律适用上存在疑难的案件,而新型案件构成这些疑难案件的主要渊薮。但是,最高人民法院是司法系统内部对裁判经验进行总结的最高机构与最终环节，决定了其无法快速地通过指导性案例的遴选和发布来为疑难案件提供裁判规则。新型案件引发的法律适用疑难，需要较长时间的司法试错，才能得出比较稳妥、有效率的裁判规则。最高人民法院的法官并非"超人"，对于疑难案件也会吃不准。如果最高人民法院仓促将某个疑难案件的裁判遴选并发布为指导性案例，固然可解统一法律适用与法官学习的燃眉之急，但却终结了事实上远未完成的试错过程，因为发布指导性案例就意味着最高人民法院对该指导性案例所涉法律适用问题的拍板、定调。然而，如果等到试错完成，最高人民法院再发布某一案型的指导性案例，统一法律适用的目标已经落空了。简言之，试错与统一法律适用，对于身处试错链条终点的最高人民法院而言，是不可兼得的。此外，在数量原本就有限的指导性案例之中，最高人民法院还发布了为数不少的常规案件裁判。这些常规案件由于不存在法律适用上的疑难，将之作为指导性案例无助于法律适用尺度统一的目标，仅仅是法治宣传的素材。

对于作为市场模式代表的北京知识产权法院与东莞市第一人民法院而言，它们在个案裁判中援引的案例是所有与待决案件构成法律意义上的"同案"的在先生效裁判，并不限于最高人民法院或者各地高级人民法院评选出的有限案例。北京知识产权法院和东莞市第一人民法院对某个在先生效裁判的援引，并不意味着对该被援引裁判所涉法律适用问题的拍板、定调，因为它们不具备这项权力，而只意味着该被援引的裁判对待决案件具有拘束力或者审理待决案件的法官对该被援引裁判的法律适用结论及其论据的赞同、信服。因此，市场模式不会终结试错，反而推进了试错：在先生效裁判是否得到援引、援引程度表征思想市场的选择与淘汰。在市场模式下，案例指导制度预设的统一裁判尺度和促进法官学习的功能得到更大程度的实现。当然，市场模式也会埋下"同案不同判"的隐患，因为在市场模式下，被援引的在先生效裁判中隐藏的裁判规则（裁判要旨）的提炼不是集中统一的，而是分散的；不是由统一的权威机构提炼，而是由各个审理待决案件的法官提炼。审理法律上"同案"的不同法官，极可能提炼出抽象度不一的裁判规则。这是市场模式不可避免的代价。相比于市场模式所能增进裁判尺度统一、法官学习和试错，这些代价是值得付出的。在北京知识产权法院和东莞市第一人民法院先例的援引既可因当事人而起，也可因审理法官而起。而且，北京知识产权法院还建立起"上下前后左右"的参考次序体系。所谓"上下"，是指上级法院的在先生效裁判对在后同案的裁判具有法律上的拘束力；所谓"前后"，是指本院在先生效裁判对在后同案的裁判具有事实上的拘束力；所谓"左右"，是指其他司法辖区的在先生效裁判对在后同案具有说服力。

广东省在实施知识产权行政执法案例指导制度时，应当在权威模式之外，采用市场模式，允许案件当事人和执法人员援引任何构成同案的在先生效裁判，包括法院作出的裁判，不画地为牢地限于行政执法系统内部生成的文书，从而推动知识产权行政执法领域的案例指导制度真正发挥其"潜力"。

第三章　2018年广东海外专利布局报告

一、引　言

（一）报告背景

随着知识经济时代的来临，知识产权成为衡量一个地区实力的重要指标之一，其中又以专利系列指标最能突显地区的实力。专利的数量和类型直接反映了地区的创新实力，专利的布局和战略则反映了一个地区未来发展的趋势和领导集体的前瞻性。

该报告是《广东省涉外知识产权年度报告》的一部分，通过统计和分析，总体呈现出广东省近20年来的海外专利布局情况，构成《广东省涉外知识产权年度报告》的重要组成部分。2018年广东省海外专利布局报告数据的采集和统计以广东省近20年的海外专利作为研究样本，检索这些海外专利数据并经过数据标引和清洗，构建了一个数据样本集合。

2018年10月8日，为落实《"十三五"国家知识产权保护和运用规划》中关于"加强专利活动与经济效益之间的关联评价"的要求，促进专利与产业发展相结合的创新驱动发展评价工作顺利开展，实现专利与产业的对接，国家知识产权局编制了《国际专利分类与国民经济行业分类参照关系表（2018）》。将广东省近20年的海外专利数据数量根据国民经济行业分类进行排序，得到排名前五的国民经济行业分类：（1）电信、广播电视和卫星传输服务业；（2）计算机、通信和其他电子设备制造业；（3）电气机械和器材制造业；（4）仪器仪表制造业；（5）通用设备制造业。本章将挑选这五个行业进行重点分析。

对于广东省的整体以及重点行业的海外专利情况进行分析具有重要意义。专利文献作为技术信息最有效的载体，囊括了全球90%以上的最新技术情报，相比一般技术刊物所提供的信息早5～6年，而且70%～80%的发明创造只通过专利文献公开，并不见诸其他科技文献。相对于其他文献形式，专利更具有新颖、实用的特征，且专利文献是世界上最大的技术信息源，另据实证统计分析，专利文献包含了世界科技技术信息的90%～95%。海外专利布局情况能够清晰直观地反映广东省涉外知识产权的情况。

本次分析主要从技术、法律和市场三个角度结合宏观和微观的不同视角进行分析，具体分析对象包括申请总量与授权总量分析、申请类型分析、法律状态分析、专利技术构成分析、专利权利要求数量分析、专利地域分布分析和广东省与全国专利海外布局技术生长率对比分析。

通过分析广东省整体以及重点行业的海外专利布局情况，从专利视角精准地把握广东省的海外专利分布、市场状况等情况，对于整体把握广东省海外专利，预计未来趋势，帮助制定相应的专利培育政策、补助政策，以及帮助制定其他相关的知识产权政策，引导更多的申请人运用专利、注重布局具有重要意义。申请人也能更好地运用自身的知识产权进行正确的布局和技术储备，充分运营专利，实现专利的价值最大化。

（二）数据样本介绍

1. 数据来源

本章采集数据为广东省近20年的海外专利数据。通过对近20年的广东省整体海外专利，以及国家知识产权局发布的《国际专利分类与国民经济行业分类参照关系表（2018）》统计得到的排名前五的重点国民经济行业的海外布局情况进行全面的检索和分析，反映该样本的海外专利状况。

2. 检索工具

检索工作所基于的数据库为IncoPat检索平台。

3. 检索步骤

第一步，将广东省及其下辖市的中文、英文、日文、韩文表达运用布尔逻辑符"OR"连接；第二步，使用检索命令"AP‐ADD"（申请人地址）及

"ASSIGNEE－ADD"（受让人地址）对广东省及其下辖市的中文、英文、日文、韩文表达申请的所有专利进行限定；第三步，使用检索命令"PNC"（专利受理局）将中国（含港澳台）的专利去除；第四步，使用检索命令"AD"（专利申请日）筛选出在2000—2019年申请的专利，并使用"PD"（专利公开日）限定截至检索日期为2019年4月19日，最终得到广东省申请人近20年来在海外申请的专利数据，共265328件。

对上述得到的265328件专利运用IncoPat系统的国民经济行业分类统计功能进行统计，得到广东省申请人近20年来在海外申请的专利排名前五的国民经济行业。

第五步，对上述得到的专利数据使用检索命令"bclas2"（国民经济行业分类－大类）对电信、广播电视和卫星传输服务业进行限定，得到电信、广播电视和卫星传输服务业的专利数据为115929件；使用检索命令"bclas2"（国民经济行业分类－大类）对计算机、通信和其他电子设备制造业进行限定，得到计算机、通信和其他电子设备制造业的专利数据为52995件；使用检索命令"bclas2"（国民经济行业分类－大类）对电气机械和器材制造业进行限定，得到电气机械和器材制造业的专利数据为32907件；使用检索命令"bclas2"（国民经济行业分类－大类）对仪器仪表制造业进行限定，得到仪器仪表制造业的专利数据为12055件；使用检索命令"bclas2"（国民经济行业分类－大类）对通用设备制造业进行限定，得到通用设备制造业的专利数据为9654件。

检索得到分析所需的数据后，小组成员通过定量和定性相结合的方法，探求结构化信息和非结构化信息背后隐藏的专利布局信息。

（三）说明

1. 专利国外申请途径解析

海外申请通常采用PCT途径或者巴黎公约成员国基于《巴黎公约》在目标国家直接进行申请。PCT途径是指通过《专利合作条约》（Patent Cooperation Treaty，PCT）进行国际性专利申请，PCT是在专利领域进行合作的国际性条约。当专利权人就同一发明创造向多个国家申请专利时，通过PCT途径只需向世界知识产权组织提出一次申请,申请就可在 PCT 其他成员国具有效力,但世界知识产权组织仅接受申请,最终是否授权由其成员国决定。PCT 申请需要先进入国际阶段,再进入国家阶段,国际阶段表现为 WO 专利,即受理局为世界知识产权组织的专利。

2. 技术生长率

该报告中的技术生长率是指该年某技术领域发明及实用新型专利申请量占近 5 年(包括当年)该技术领域发明及实用新型专利申请总量的比率。

3. 数据滞后说明

一方面,由于发明专利国际普遍采用的是"早期公开,延期审查制",也即从申请日起 18 个月内公告,申请人可以提出提前公开的请求。实用新型制度采取的是形式审查制(大部分国家并不存在实用新型制度,例如美国),通常在 6～8 个月内公开,所以专利数据的公开存在一定的滞后性。

另一方面,由于通过 PCT 途径进入国家阶段的最长时间是自申请日起 30 个月或 32 个月,在这个时期内,专利会进入具体的国家。随后由具体国家根据当地的法律对专利进行审查或公开。由此,近 3 年(2017—2019 年)海外专利的数据统计并不完整。

4. 数据缺失说明

首先,由于使用检索命令"AP – ADD"(申请人地址)及"ASSIGNEE – ADD"(受让人地址),存在部分专利申请时申请人地址或受让人地址信息填写不完整的情况;其次,主要选取汉语、英语、韩语和日语这四种语言的翻译作为检索关键词,存在部分小语种专利缺失的情况;最后,该报告采用 IncoPat 数据库作为专利检索平台,由于数据库收录的专利范围和数据更新不及时而带来的部分专利数据缺失。但从统计分析的角度看,小部分的数据缺失不会对整体的分析造成较大影响,即使有数据缺失,基于数据库中数据进行的统计分析仍能反映出较为客观的情况。

二、2018 年广东海外专利布局情况

本节对广东省在 2000—2019 年的海外专利情况进行统计,并分析广东省在海外的专利布局情况，共检索到265328件专利（合并申请号），检索截至日期为2019年4月19日。

（一）海外专利年申请趋势分析

对广东省在海外专利申请的年份进行统计，得出图3-1。

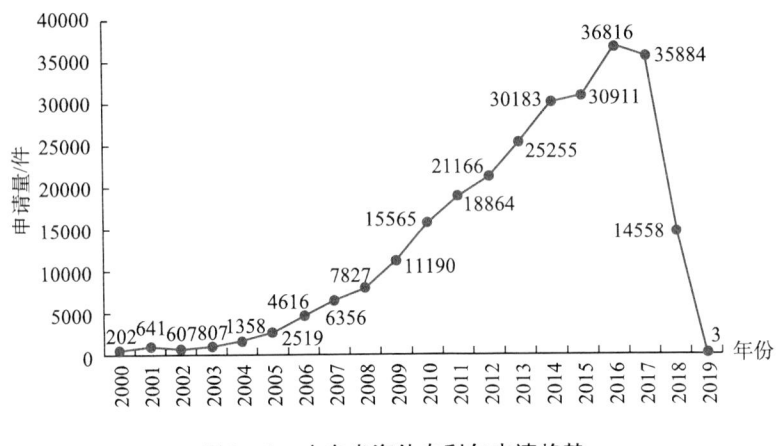

图3-1 广东省海外专利年申请趋势

由图3-1可知，广东省的海外专利申请量总体呈现上升趋势。2000—2017年，广东省的海外专利年申请趋势可以划分为萌芽期、爆发期和持续增长期三个时期：

萌芽期（2000—2008年）：这段时期，广东省海外专利申请数量从200件左右开始出现缓慢的增长，2008年已达7827件。在萌芽期的9年时间里，我国加入了世界贸易组织。受到经济全球化的影响，广东省逐步将贸易范围扩大到技术研发和转让，广东省的企业开始从简单机械化的设备制造向重视科技研发、加强知识产权保护的方向转型。广东省的企业赶上中国走出国门的浪潮，开始着手海外专利布局，参与世界范围内的先进技术竞争和交流。2007年，广东省人民政府发布《广东省知识产权战略纲要（2007—2020）》，在广东省政府的大力支持下，广东省申请人更积极实施海外专利布局战略，推动广东省的高新技术走向世界。

爆发期（2009—2016年）：这段时期，广东省企业的海外专利申请数量突破1万件大关，并在2016年达到年申请专利的历史最高峰，高达3万多件。

近些年，随着人们知识产权保护意识的增强，广东省的海外专利布局数量逐年增长的同时，也更加重视专利的质量。

持续增长期（2017—2019年）：这段时期数据不完整，据现有的申请趋势推测，2017年和2018年的海外专利申请数量还将持续增长，有可能突破2016年的海外专利年申请数量。

（二）海外专利申请类型分析

对广东省在海外申请的专利类型进行统计，得出图3-2。需要说明的是，部分国家没有实用新型这个类型的专利，如美国专利类型仅包括发明专利、外观设计专利和植物专利。

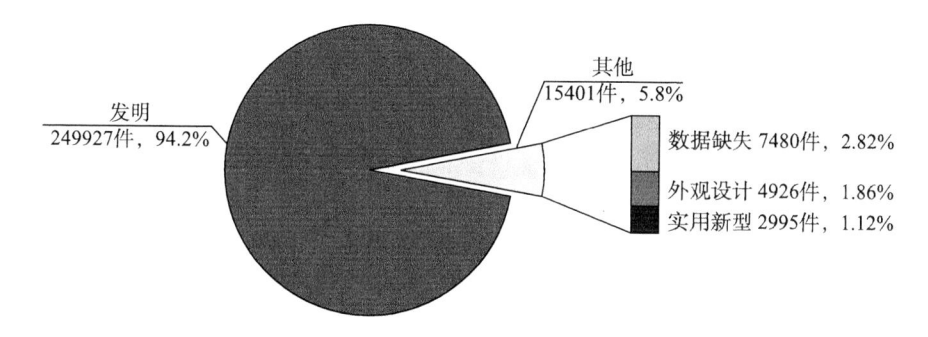

图3-2 广东省海外专利类型分布

根据图3-2可知，在265328件海外专利中，有249927件专利属于发明专利，占海外专利总数的94.2%；实用新型专利是数量最少的专利类型，仅有2995件，占海外专利总数的1.12%；外观设计专利数量为4926件，占总数的1.86%。专利类型布局出现差距的原因可能是申请海外专利的成本较高，申请人往往选择投入产出比最高的方案进行专利布局，发明专利则是申请国际专利的首选。相比发明专利，实用新型专利在保护期和利润率上不及发明专利。再者，广东省的企业多为技术密集型企业，产业结构以家电等轻工业为主。因此，实用新型专利和外观设计专利数量较少。

考虑到检索系统中专利数据存在缺失的情况（此处数据缺失的专利数据有7480件，占总数的2.82%），而重视海外专利布局的申请人大多充满活力、技术强硬，发明专利在专利类型中的含金量最高、保护期限最长，推测实际数据中，发明类型专利占海外专利总量要比94.2%更高，外观设计专利和实用新型专利占比要比统计数值更低一些。

（三）海外专利申请地域分析

1. 专利主要国家和地区分布

由图3-3可知广东省的海外专利申请量在主要申请国家和地区的分布情况，其中，向世界知识产权组织提出了135226件申请，在美国布局的专利有63647件、在欧洲布局的专利有30277件、在日本布局的专利有14230件、在印度布局的专利有7593件、在韩国布局的专利有7069件，在加拿大布局的专利有2110件，在越南布局的专利有1721件，在德国布局的专利有1644件，在印度尼西亚布局的专利有722件，在新加坡布局的专利有307件。从专利申请数量上可以看出，专利布局仍然是在美、日、欧、韩四个国家和地区呈现重点分布的状态，这也和五大局（中、美、日、韩、欧）专利申请数量较多的情况相符，紧随其后的印度专利布局数量也较多，这也从侧面体现了近年来广东申请人进军印度的现象。近年来，印度飞速发展，经济增长速度引人注目，尤其是软件、金融等服务业。经济发展和众多的人口产生的巨大市场，使得众多企业纷纷将目光转向印度，开始重视在印度的专利布局。

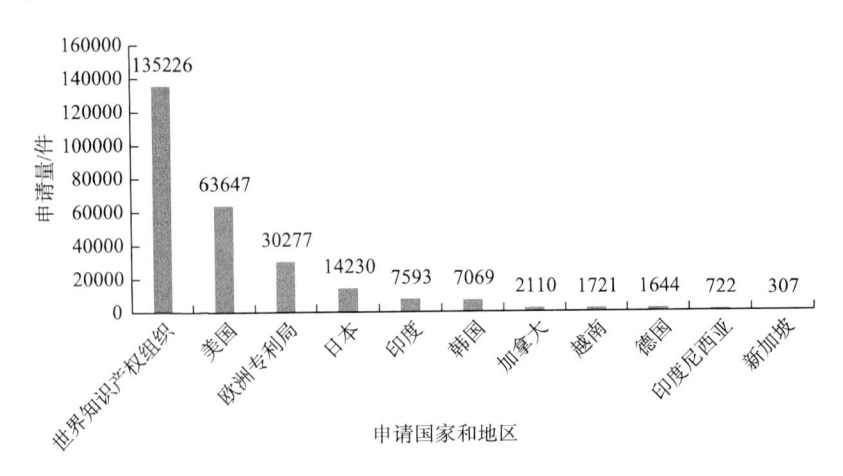

图3-3 广东省海外专利申请量排名前11位国家和地区分布

2. 国家和地区年度分布趋势

由图3-4可知，广东省海外专利布局的数量总体趋势是逐年提升的。向世界知识产权组织的专利申请数量，在2010年后呈现出比较明显的增长趋势，并且在2015年出现了更加迅猛的增长。在美国和欧洲专利局进行专利申请的趋势，均为从2009年开始出现稳定的增长，并且在2015年出现了一个微微的下降。原因可能是2015年国内处于产业结构调整时期，高端制造正在起步中，技术储备尚不充足，在美国和欧洲的布局增速放缓，但是整体上仍然呈上升趋势。

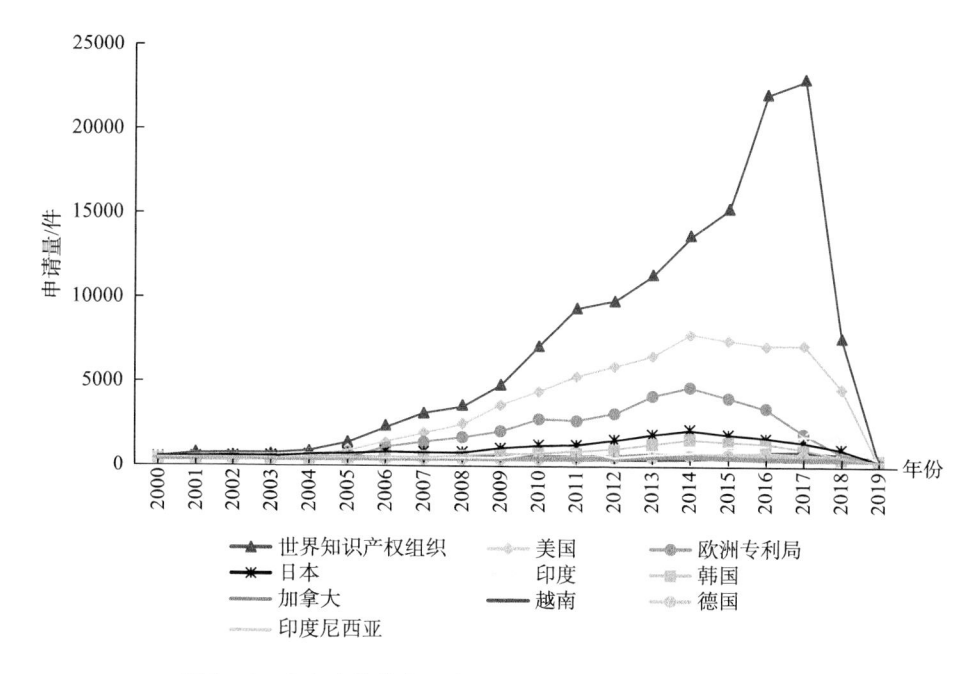

图3-4 广东省海外专利主要申请国家和地区年度分布趋势

每个国家或者地区随年度变化的具体申请量如表3-1所示。

表3-1 广东省海外专利不同国家或地区申请量分布 单位：件

年份	世界知识产权组织	美国	欧洲专利局	日本	印度	韩国	加拿大	越南	德国	印度尼西亚
2000	36	13	14	120	0	19	0	0	0	0

续表

年份	世界知识产权组织	美国	欧洲专利局	日本	印度	韩国	加拿大	越南	德国	印度尼西亚
2001	404	18	46	133	0	31	4	2	1	0
2002	220	49	94	177	2	42	9	5	1	6
2003	307	87	131	208	6	27	16	9	3	9
2004	507	284	193	280	12	29	40	1	3	7
2005	1062	530	374	371	40	71	50	2	4	10
2006	2062	1020	753	469	88	113	71	22	8	4
2007	2827	1629	1032	449	112	166	52	46	19	21
2008	3320	2196	1341	439	130	184	87	72	19	34
2009	4579	3325	1720	671	273	279	108	62	20	23
2010	6950	4161	2462	900	348	363	136	68	33	33
2011	9301	5083	2359	896	565	368	127	53	55	22
2012	9749	5726	2808	1219	642	555	177	47	107	79
2013	11371	6350	3887	1552	325	947	301	54	132	160
2014	13776	7656	4414	1843	366	1252	251	77	261	176
2015	15420	7289	3755	1525	931	1056	282	187	289	93
2016	22452	6965	3141	1304	977	926	242	369	334	38
2017	23398	7024	1590	1047	1454	583	142	405	220	7
2018	7486	4335	321	657	1319	58	15	240	135	0
2019	0	0	0	0	3	0	0	0	0	0

通过表3-1可以看出，这些申请人大多在2003年开始向海外进行专利布局，2005—2008年在海外并没有多少专利申请，并且在2013年，一些国家申请增长速度减缓，一些国家专利申请数量减少，呈现低谷态势，但随后第二年专利申请数量回升。整体上呈现出稳步增加专利数量的趋势。

3. 重要时间节点分析

图3-5为广东省海外专利布局排名第一、第二的美国和欧洲专利申请趋势的单独分析。

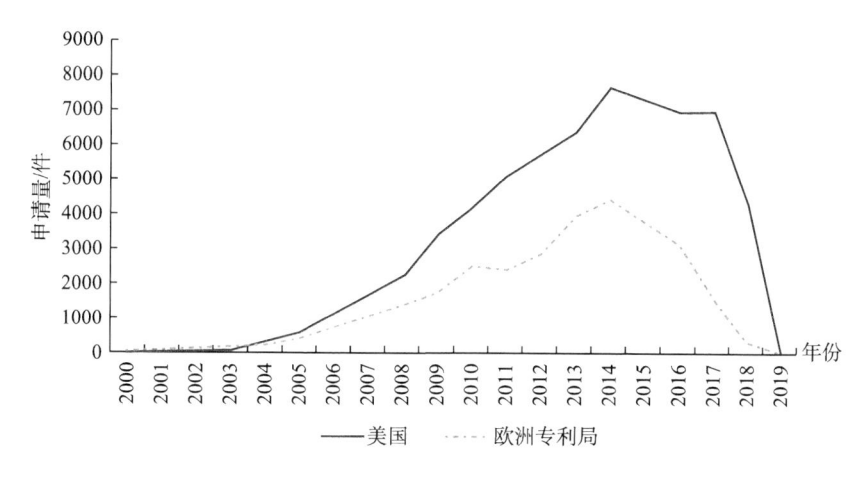

图 3-5　广东省海外专利美国、欧洲专利局申请趋势

由图 3-5 可知，从 2000 年开始美国和欧洲专利局的专利申请数量一直处于稳定的增长中，2011 年欧洲专利局的申请趋势有所波动，但是从整体上看，仍然呈现良好的发展态势。2014 年，美国和欧洲专利局的专利申请达到了高点，在此后的两年均呈现下滑态势，可能是受到经济形势的影响。2015 年世界宏观经济形势下行，且复苏形势较为疲软，除了美国以外，其他国家和地区的经济增长均面临较大挑战，国际需求降低，国际贸易和大宗商品价格持续走低。2016 年，美国的专利申请趋势开始逐渐回升，而在欧洲专利局的申请则持续下行。

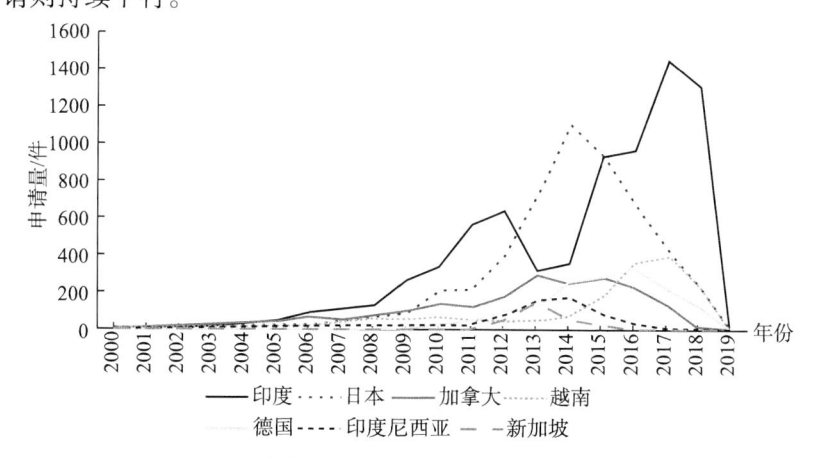

图 3-6　广东省海外专利其他重点国家申请趋势

图 3-6 为广东省海外专利布局排名第三至第九的国家的专利申请趋势，可见不同国家的申请量均呈现出明显的上升趋势，只是出现迅猛增长的时间有所差别。

值得一提的是，在印度的专利申请中，2002—2005 年缓慢增长，2008—2012 年增长加快，2013 年申请数量减少，随后在 2014 年迅速增长。原因可能是 2012—2013 印度的宏观经济形势不稳，通货膨胀保持较高水平，货币贬值，国际收支逆差严重，印度储备银行实行适度从紧的货币政策，经济增长速度降到 10 年来的最低水平，印度的经济形势对广东省专利布局的数量造成了影响。随着印度政府推进经济改革，各项社会事业发展取得一定进步，政府财政赤字率控制在了预期范围内，经济形势好转后，专利申请数量也开始增加。

（四）海外专利技术领域分析

1. 总体技术构成分析

选取专利申请量排名前十的 IPC（小类），对广东省专利海外总体技术的构成进行统计，得出表 3-2。

表 3-2 广东省海外专利技术 IPC 分类分布

IPC 分类号	对应的技术释义	专利数量/件
H04W	使用无线链路来进行非选择性通信的通信系统	52116
H04L	数字信息的传输	49493
G06F	电数字数据处理	34106
H04B	传输	12707
H04N	图像通信	12431
H04M	电话通信	8565
G02F	用于控制光的强度、颜色、相位、偏振或方向的器件或装置用于上述操作的技术或工艺；变频；非线性光学；光学逻辑元件；光学模拟/数字转换器	7620
H01L	半导体器件	6512
H05K	印刷电路；电设备的外壳或结构零部件；电气元件组件的制造	5854
G09G	文件或者类似物的扫描、传输或者重现	4635

对广东省专利海外总体专利技术的构成进行分析，从表3-2中可以看出，H04W（使用无线链路来进行非选择性通信的通信系统）、H04L（数字信息的传输）、G06F（电数字数据处理）、H04B（传输）、H04N（图像通信）、H04M（电话通信）等占了较大比例。

关于H04W释义中的通信系统，是指用以完成信息传输过程的技术系统的总称。现代通信系统主要借助电磁波在自由空间的传播或在导引媒体中的传输机理来实现，前者被称为无线通信系统，后者被称为有线通信系统，因此内容涵盖较广。在无线通信网络方面，有不同的类型，无线个人网，例如蓝牙；无线局域网，例如Wi-Fi；移动设备网络，例如个人通信服务。关于H04L中数字信息的传输，其相比于传统信息传输方式，数字信号抗干扰能力强。音频模拟信号传输过程中，如果有其他的信号干扰，将影响电流的变化，但数字信号无论强弱，只要能够识别出来编码，就能完整清晰地还原音频，保真性强。G06F涉及电数字数据处理、图像通信、电话通信、用于控制光的强度、颜色、相位、偏振或方向的器件或装置变频以及光学模拟/数字转换器、半导体器件、印刷电路等电子产品中不可或缺的技术或部件。广东电子信息业发达，电子信息业典型产品有投资类产品、消费类产品、元器件产品三大具体类别，而且华为、腾讯等电子信息业领跑者均在广东，也使得H04W、H04L、G06F类的专利得到一定的增加。同时，表3-2反映出的技术分布规律说明，广东省企业在海外技术布局时，优势与热点集中在信息网络技术领域。

2. 技术申请趋势分析

由图3-7可知，各个技术领域的申请数量整体上逐年上升，2008年之前上升较缓，2008年开始上升较快，其中，H04W、H04L、G06F整体申请量大、增势明显，H04W、H04L申请量在2014年达到峰值，G06F申请量在2016年达到峰值。

从2009年起，为支持国内申请人积极向国外申请专利，保护自主创新成果，中央财政设立资助向国外申请专利专项资金，并制定了《资助向国外申请专利专项资金管理暂行办法》，对国内申请人通过PCT或《巴黎公约》途径提出的国外专利申请进行资助，一定程度上促进了包括广东省在内的中国

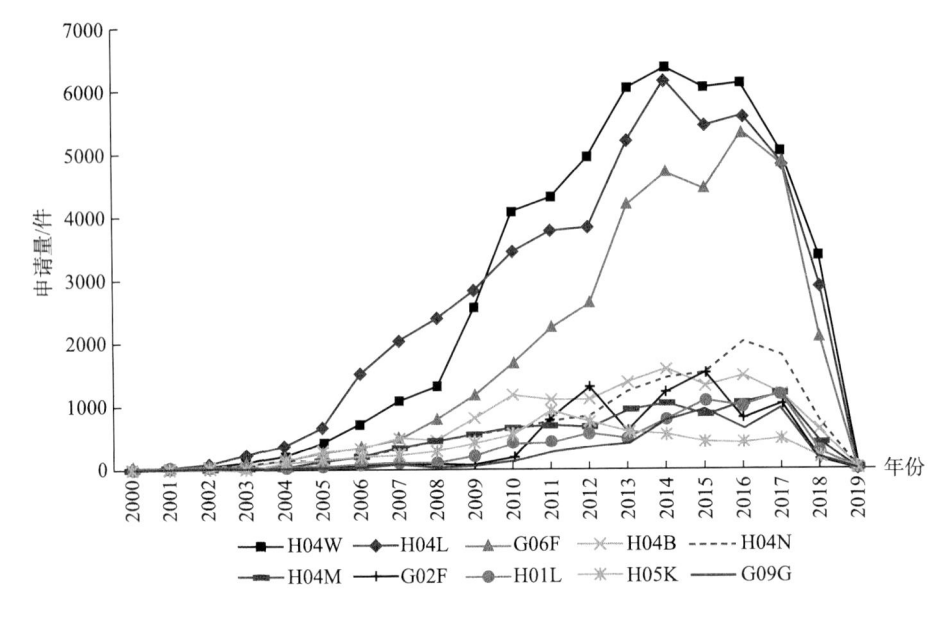

图 3-7 广东省海外专利技术 IPC 分类前十申请趋势

主要省区市申请人的国外专利布局。而且电子信息业也逐渐成为中国国民经济的重要支柱。此时企业对于扩展国外市场的渴求度也逐渐增加，因此，海外专利申请量整体上涨。

根据工信部的数据显示，2015 年 1~7 月，电子信息制造业增加值增长 10 个百分点，领先工业增速 4.2 个百分点，核心技术不断突破、新兴领域的快速成长也对电子信息业的蓬勃发展起到了促进作用，这与 H04W 领域的海外专利布局对应。具体表现为，在 2015 年前海外专利申请量较大、增长速度较快。

3. 技术构成全球分布分析

从广东省海外专利技术领域的全球整体布局来看，总体申请量排名前十的技术领域均在美国布局较多，可见广东省排名前十技术领域的申请人最为重视美国市场。如表 3-3 和图 3-8 所示，其中，总体申请量排名前三的 H04W、H04L、G06F 领域内的专利主要集中在美国和欧洲，可见广东省 H04W、H04L、G06F 领域内的申请人布局重心主要在美国、欧洲。除此之外，在世界五大知识产权局中，日本、韩国也是布局重心。值得一提的是，印度在 H04W、H04L、G06F 领域也有较多的专利布局，可见 H04W、H04L、G06F 领域内的广东省申请人不仅重视传统的发达国家市场，也开始重视逐渐崛起的印度市场。

表 3-3　广东省海外专利技术主要地域分布　　　　单位：件

IPC 分类号	美国	欧洲专利局	日本	印度	韩国	加拿大	越南	德国	印度尼西亚
H04W	10593	9239	2102	2027	1577	410	442	28	149
H04L	11452	9927	1004	1714	1418	387	388	23	146
G06F	11731	3789	1574	957	836	160	201	226	73
H04B	3805	2530	525	437	601	122	79	16	32
H04N	2966	1639	688	293	420	68	104	15	35
H04M	2242	1519	727	245	193	39	33	14	20
G02F	3295	137	308	26	146	2	5	147	2
H01L	2748	398	575	58	227	26	7	121	2
H05K	3807	410	370	46	141	11	8	16	2
G09G	2449	111	154	22	181	1	2	101	1

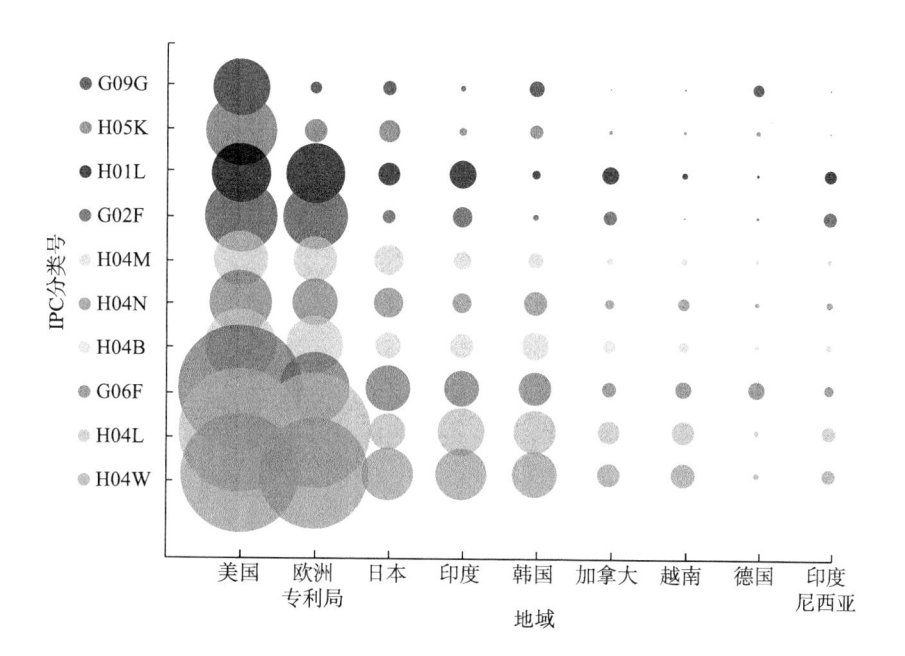

图 3-8　广东省海外专利技术主要地域分布

注：图中圆圈大小表示申请量多少。

（五）代理机构委托情形分析

对全部专利的代理机构信息进行统计发现，所有的专利申请皆由代理机构代理，在代理机构信息中数据缺失或无代理机构的情况并不存在。由此看来，企业在海外进行专利布局时完全排除了自身申请的考虑。

以代理专利申请数排序节选排名前十的代理机构，可以得到图3-9。

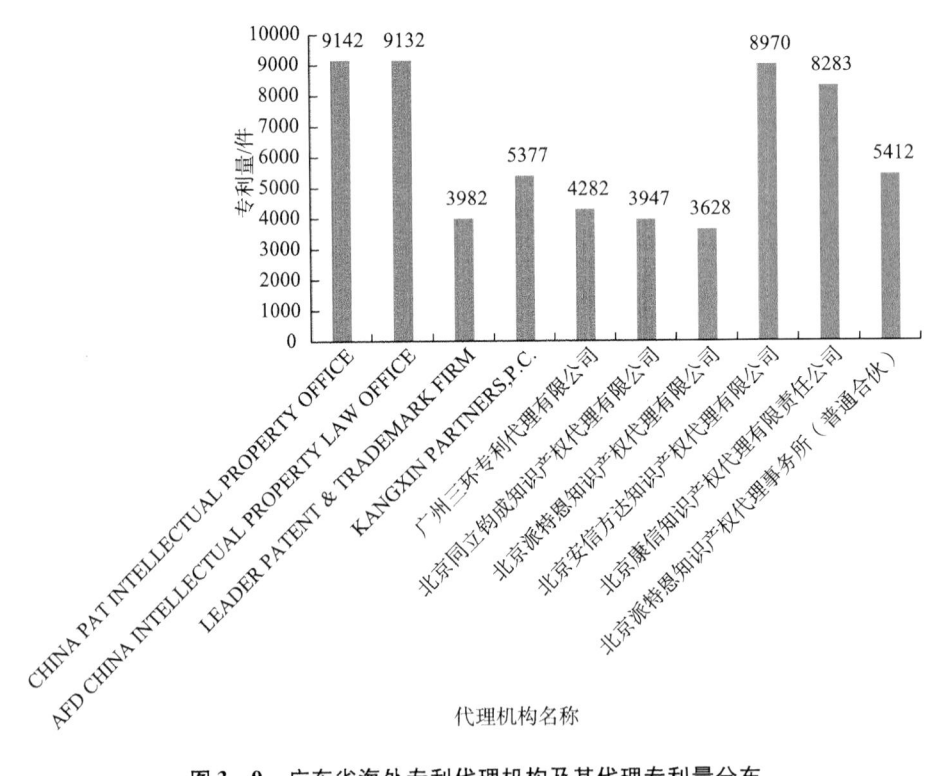

图3-9 广东省海外专利代理机构及其代理专利量分布

数据（专利量/件）：
- CHINA PAT INTELLECTUAL PROPERTY OFFICE：9142
- AFD CHINA INTELLECTUAL PROPERTY LAW OFFICE：9132
- LEADER PATENT & TRADEMARK FIRM：3982
- KANGXIN PARTNERS, P.C.：5377
- 广州三环专利代理有限公司：4282
- 北京同立钧成知识产权代理有限公司：3947
- 北京派特恩知识产权代理有限公司：3628
- 北京安信方达知识产权代理有限公司：8970
- 北京康信知识产权代理有限责任公司：8283
- 北京派特恩知识产权代理事务所（普通合伙）：5412

前十代理机构所代理的申请数在总申请中占比约为24%。实际上，在前十代理机构中，CHINA PAT INTELLECTUAL PROPERTY OFFICE、AFD CHINA INTELLECTUAL PROPERTY LAW OFFICE、KANGXIN PARTNERS P.C.分别为派恩特、安信方达和康信。英文名称的代理机构尽管单独进行代理但仍视其为同名中文代理机构。此外，尽管全部申请涉及的代理机构数量超过500家，申请人在代理机构的选择上较为集中。这一现象与国家知识产权战略中培育重点专利代理机构的计划相符。

从这些代理机构的注册地来看，在上述前十代理机构中，其注册地均在中国（尽管安信方达在美国 Maryland 设有办事点但其总部在北京）。即使取前50家代理机构，绝大部分皆为中国代理机构。这说明申请人更愿意选择本地代理机构进行海外专利布局。更具体地进行地域分析的话，不难发现，在前十代理机构中，广东本土的代理机构较北京代理机构或其分支相比代理量更少。北京代理机构比广东本地代理机构更受广东企业欢迎。

（六）海外专利简单同族分析

IncoPat 数据库中的简单同族数是指专利文件所在的专利族中，共有相同的优先权号的专利件数，可以反映某一项专利技术在全球内的布局范围信息。通过统计简单同族数据可以得出海外专利布局范围，如图 3-10 所示。

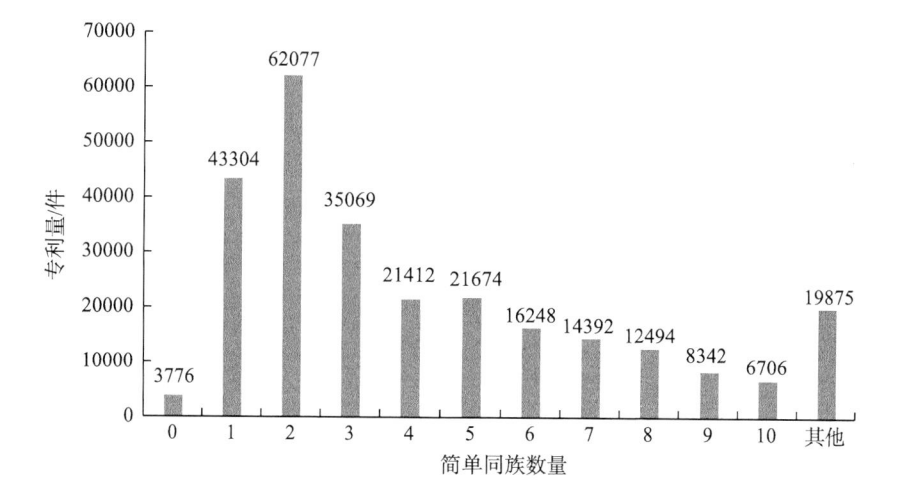

图 3-10　广东省海外专利简单同族数量-专利数量分布

由图 3-10 可以看出，绝大多数专利的简单同族数为 2，有 62077 件，在全部专利中占 23%，即有 23% 的专利共向两个海外的专利管理部门提交了专利申请。

以 5 为分界线，假设简单同族数为 5 或以上则认为其在全球范围内布局广泛，如图 3-11 所示。

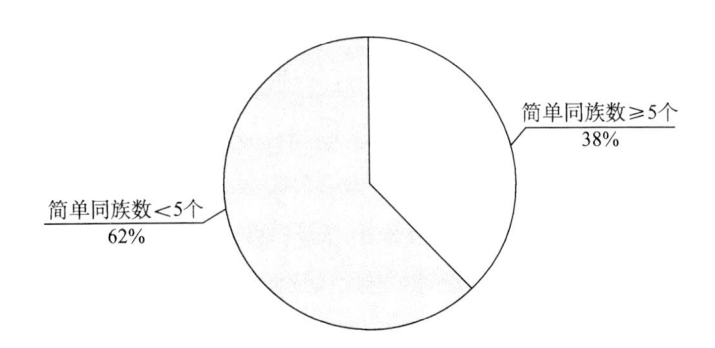

图 3-11 广东省海外专利简单同族数量分布

由图 3-11 可以看出，38%的专利布局较为广泛，向 5 个或更多的专利主管部门提交了申请。

（七）海外专利权利要求数分析

分析一篇专利的权利要求可以统计出其有多少权利要求数量，权利要求数量更多的专利相对于权利要求数更少的专利在对技术的保护上更全面，申请文件撰写质量更好。对全部专利的权利要求数进行统计可以看出某一权利要求数对应专利数量，如图 3-12 所示。

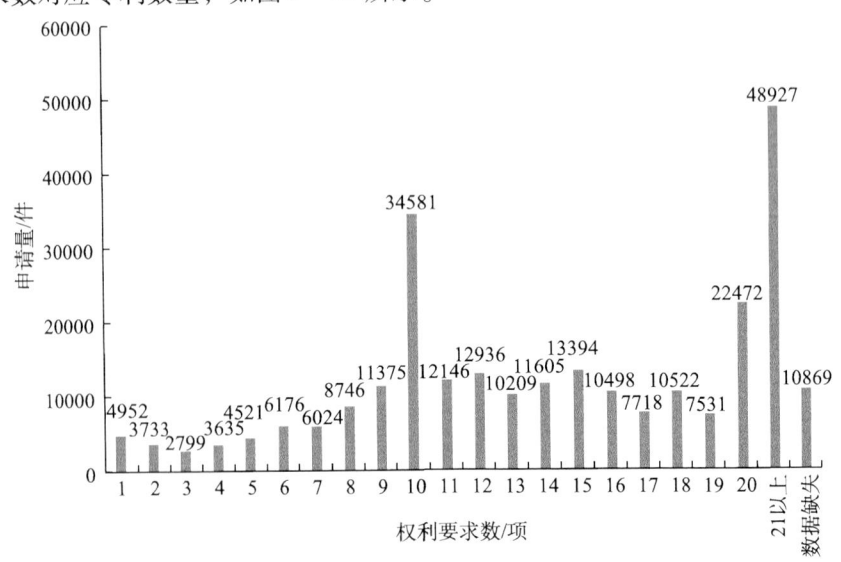

图 3-12 广东省海外专利权利要求数量分布

表 3-4 中统计的专利为 254500 件，数据缺失 10869 件，占比 4.3%，其中权利要求数为 10 项的专利最多，为 34581 件，占比 13.6%；权利要求数为 20 项的其次，为 22472 件，占比 8.8%。通常来说，权利要求数量越多，该申请文本为高质量申请的可能性越大。此处将权利要求数简单地与申请质量对应，以权利要求数为标准将专利文件质量划分为五类。

表 3-4 广东省海外专利文件质量分布

权利要求数/项	专利申请量/件	申请质量
1～5	19640	低
6～10	66902	普通
11～20	119031	良好
21～40	38321	优秀
40 以上	10606	非常优秀

（八）与全国海外专利申请情况对比

1. 与全国海外专利申请总量对比

统计全国各省市的专利申请主体在 2000—2019 年海外申请的专利数量为 680804 件。其中，广东省专利申请数量是 265328 件，占全国申请数量的 39%，如图 3-13 所示。

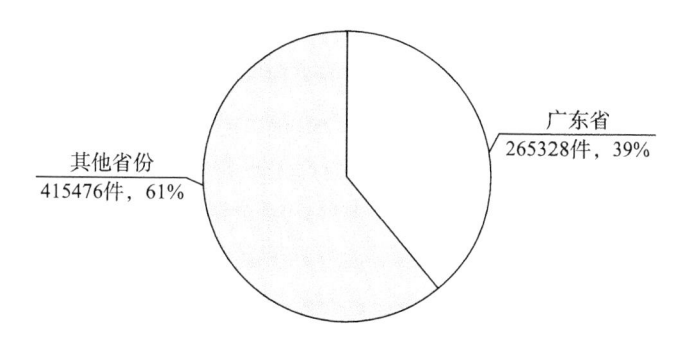

图 3-13 广东省与其他省份海外专利在全国申请总量占比

2. 全国海外专利申请趋势

选取 2000—2019 年全国海外专利年申请数量和广东省海外专利年申请数

量进行对比，得出图3-14。

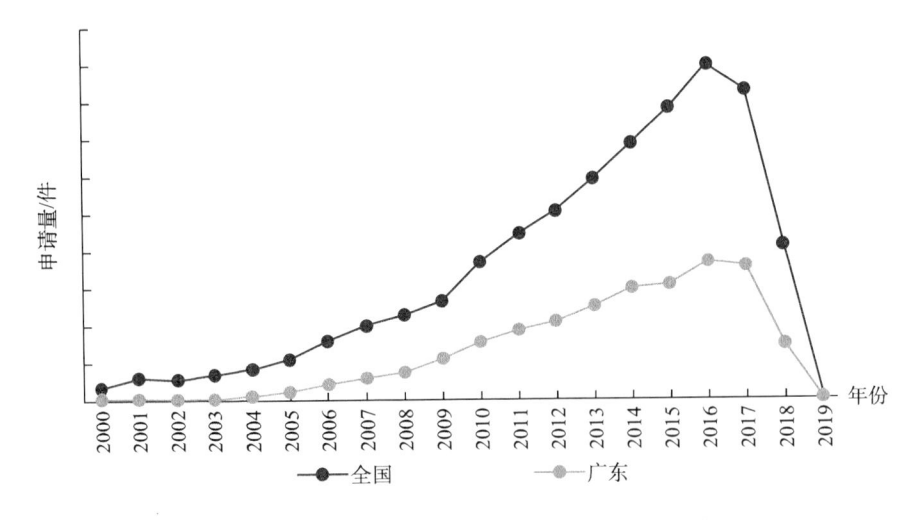

图3-14 全国和广东省海外专利申请年度趋势对比

由图3-14可知，不管是从全国角度来看还是从广东省方面出发，在海外专利布局的数量整体上都呈现上升趋势。全国海外专利年申请量的涨幅比广东省海外专利年申请量的涨幅要大。

2000—2010年，全国和广东省的海外专利申请量处于缓慢增长期，这段时期海外专利申请量虽然一直保持增长的势头，但增长的幅度较为平缓。直至2010年，全国和广东省海外专利年申请量出现较大的增长，海外专利申请量进入上升期。全国海外专利申请量自2010年起，海外专利的年申请量一直处于持续增长阶段，而广东省海外专利年申请量的增长趋势并不稳定，在2011—2014年的海外专利年申请量增长趋势有所下降。

3. 与全国海外专利申请地域分布对比

对全国海外专利布局地域进行统计，选取专利申请量排名前十的国家和地区进行分析，如图3-15所示，图中显示的百分比是专利申请量占前十分布总量的百分比。

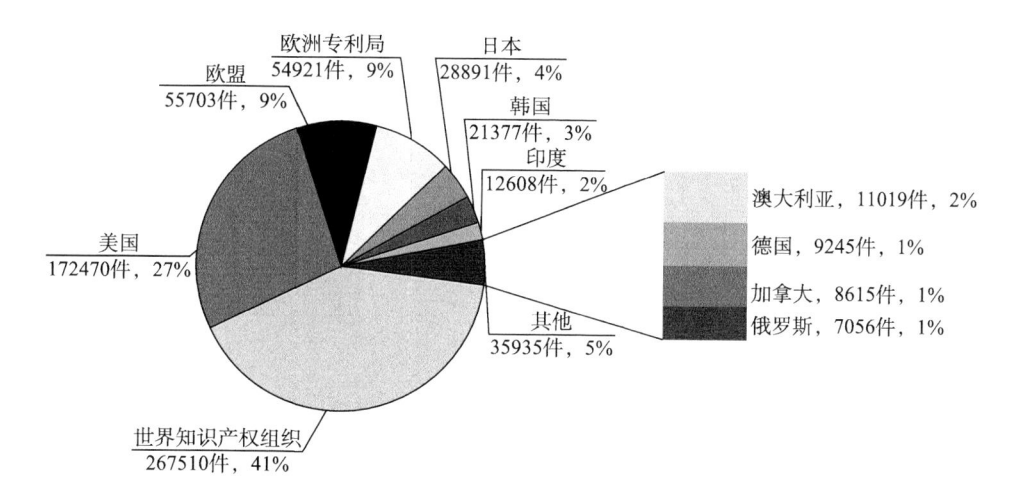

欧盟 55703件，9%　　欧洲专利局 54921件，9%　　日本 28891件，4%
韩国 21377件，3%
印度 12608件，2%
美国 172470件，27%
澳大利亚，11019件，2%
德国，9245件，1%
加拿大，8615件，1%
俄罗斯，7056件，1%
其他 35935件，5%
世界知识产权组织 267510件，41%

图3-15　全国海外专利布局排名前十国家和地区分布

由图3-15可知，41%的专利是通过PCT途径申请的，且正处于国际阶段，未指定具体的国家；27%的专利选择在美国布局；9%的专利选择在欧盟布局。在IncoPat数据库中，欧盟专利是指外观设计，欧洲专利局专利指发明和实用新型，即中国在欧盟布局的专利中9%是外观设计专利，9%为发明和实用新型。根据《欧洲专利公约》，提起一项欧洲专利申请，可以选择在多达38个国家生效。另外，有4%的专利选择在日本布局，3%的专利选择在韩国布局。排名前五的国家和地区布局总和占比93%，其中澳大利亚、印度占比各为2%，加拿大、俄罗斯、德国占比各为1%。

广东省海外专利布局数量排名前十的国家或地区分布情况如图3-16所示，其中的百分比为布局数量占前十专利总量的百分比。广东省海外专利国家和地区分布情况与全国相应情况有所不同，在澳大利亚、俄罗斯布局较少，而在印度尼西亚、新加坡、加拿大和越南布局进入前十，与德国一起占专利总数的3%，而世界知识产权组织、美国、欧洲专利局、日本、印度、韩国占前十专利总数的97%，数量相差悬殊。这表示广东省有自己的选择，采取"重者恒重"的方式，世界知识产权组织、美国、欧洲专利局、日本、印度、韩国的专利布局仍然十分重视，并且放眼其他不属于"专利五局"所述国家和地区的区域进行专利布局。

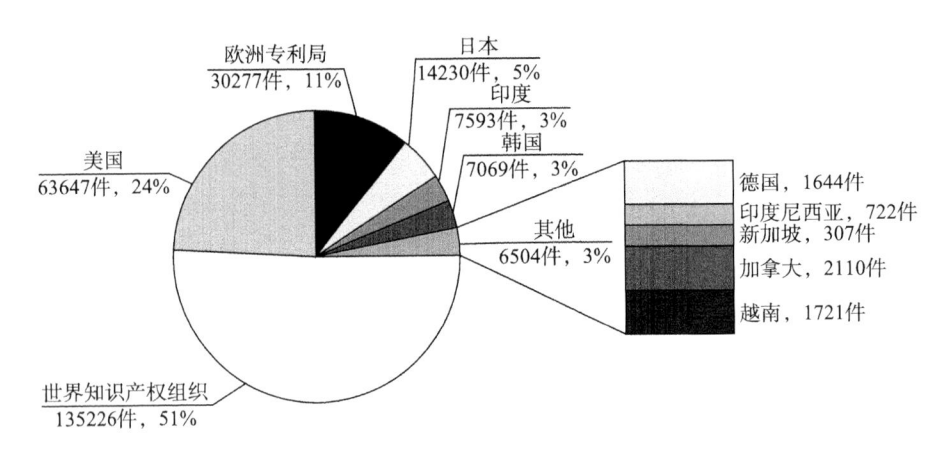

欧洲专利局 30277件，11%
日本 14230件，5%
印度 7593件，3%
韩国 7069件，3%
其他 6504件，3%
美国 63647件，24%
世界知识产权组织 135226件，51%
德国，1644件
印度尼西亚，722件
新加坡，307件
加拿大，2110件
越南，1721件

图 3-16　广东省海外专利布局排名前十国家或地区分布

4. 与全国海外专利申请技术领域分布对比

对全国海外专利技术领域进行统计，选取专利申请量排名前十的 IPC 分类分析，如图 3-17 所示。图中显示的百分比是专利申请量占前十分布总量的百分比。

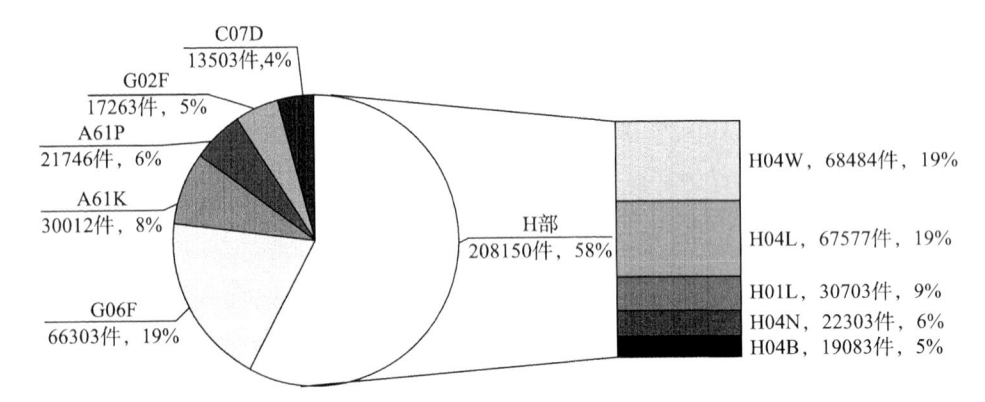

C07D 13503件，4%
G02F 17263件，5%
A61P 21746件，6%
A61K 30012件，8%
G06F 66303件，19%
H部 208150件，58%
H04W，68484件，19%
H04L，67577件，19%
H01L，30703件，9%
H04N，22303件，6%
H04B，19083件，5%

图 3-17　全国海外专利申请技术领域 IPC 分类构成

表 3-5 是对图 3-17 中全国海外专利 IPC 分类进行详细介绍。

表 3-5　全国海外专利技术构成 IPC 具体情况分布

IPC 分类号	所属技术领域	专利数量/件
H04W	无线通信网络	68484

续表

IPC 分类号	所属技术领域	专利数量/件
H04L	数字信息的传输	67577
G06F	电数字数据处理	66303
H01L	半导体器件；其他类目中不包括的电固体器件	30703
A61K	医用、牙科用或梳妆用的配制品	30012
H04N	图像通信	22303
A61P	化合物或药物制剂的特定治疗活性	21746
H04B	传输	19083
G02F	用于控制光的强度、颜色、相位、偏振或方向的器件或装置	17263
C07D	杂环化合物	13503

结合图 3-17 和表 3-5 可以得知，全国海外专利布局排名前十的技术分类为 H04W（无线通信网络，占比 19%）、H04L（数字信息的传输，例如电报通信，占比 19%）、G06F（电数字数据处理，占比 19%）、H01L（半导体器件，占比 9%）、A61K（医用、牙科用或梳妆用的配制品，占比 8%），排名后五位的技术总共占比 26%。

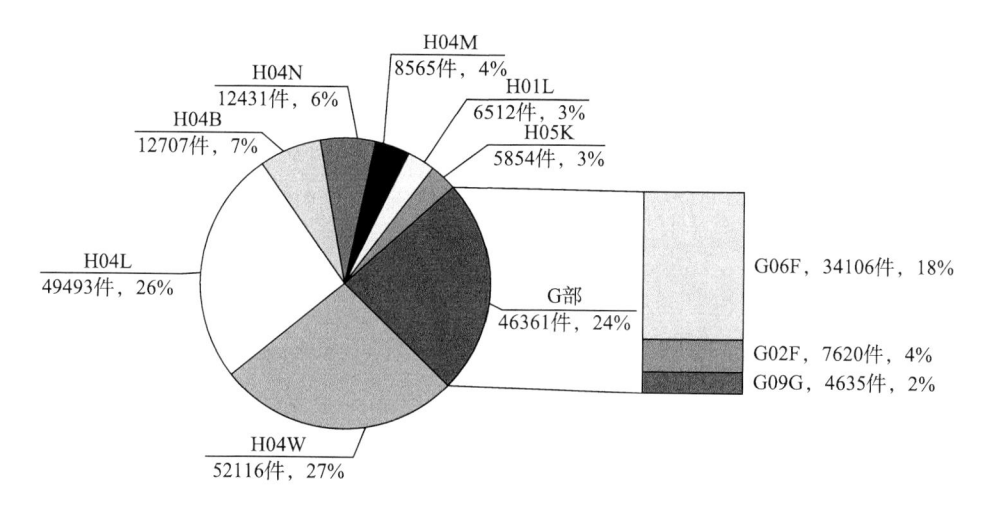

图 3-18　广东省海外专利申请技术领域 IPC 分类构成

表 3-6 列出了图 3-18 中的 IPC 分类分布的详细介绍。

表 3-6　广东省海外专利技术构成 IPC 分类具体情况分布

IPC 分类号	所属技术领域	专利数量/件
H04W	无线通信网络	52116
H04L	数字信息的传输	49493
G06F	电数字数据处理	34106
H04B	传输	12707
H04N	图像通信	12431
H04M	电话通信	8565
G02F	用于控制光的强度、颜色、相位、偏振或方向的器件或装置；用于上述操作的技术或工艺；变频；非线性光学；光学逻辑元件；光学模拟/数字转换器	7620
H01L	半导体器件	6512
H05K	印刷电路；电设备的外壳或结构零部件；电气元件组件的制造	5854
G09G	对用静态方法显示可变信息的指示装置进行控制的装置或电路传输数据的装置	4635

结合图 3-19 和表 3-6 可以得知，广东省海外专利布局排名前五的技术分类分别为 H04W（无线通信网络，占比 27%）、H04L（数字信息的传输，占比 26%）、G06F（电数字数据处理，占比 18%）、H04B（传输，占比 7%）、H04N（图像通信，占比 6%），排名后五位的技术分类总共占比 16%。

选取排名前十的 IPC 分类对比全国海外专利布局技术构成和广东省海外专利布局技术构成，可知两者在无线通信 H04W（网络）、H04L（数字信息的传输）、G06F（电数字数据处理）所涉及的技术都比较重视，且都排名前三。这三者具体的技术内容如前文海外专利技术领域分析部分所述，都涉及通信设备如手机、计算机所需要的技术。21 世纪以来，信息技术的发展使得人类对通信设备的需求越来越多，市场需求也在促进技术的革新。通信产业对当今经济拉动力极强，是数字化转型的核心，通信产业也是广东省乃至全国的支柱产业，全国和广东省海外专利布局对 H04W（无线通信网络）、H04L（数字信息的传输）、G06F（电数字数据处理）比较重视，正是印证了通信产业的经济效益。另外，全国海外专利布局不仅对物理和电学领域比较重视，且对人类生活必须领域的 A61K（医用、牙科用或梳妆用的配制品）、A61P（化合物或药物制剂的特定治疗活性）、C07D（化学冶金领域的杂环化合物）也有涉及。这是全国不同省份专利技术均衡发展的结果：不同省份的海外专利布局有自己的选择和特色，广东省集中在物理和电学领域，而其他省份的海外布局在人类生活必需的其他领域比广东省布局多。

三、2018 年广东海外专利布局重点行业分析

（一）行业总体态势分析

国家知识产权局为了实现《"十三五"国家知识产权保护和运用规划》中关于"加强专利活动与经济效益之间的关联评价"的目标，在 2018 年 10 月 8 日印发了《国际专利分类与国民经济行业分类参照关系表（2018）》❶，将专利 IPC 分类号与实体经济相关联。由此在对广东省企业进行行业分类时，不仅要考虑技术因素，更要兼顾经济现状，所以参照《国际专利分类与国民经济行业分类参照关系表（2018）》，将广东省海外专利布局的 IPC 分布情况与国民经济行业对应，得出本节的分析对象。

为了了解广东省不同行业的海外专利布局情况，本节从两个方面展开分析：首先，展现专利申请数量排名前十的具体行业及其专利申请总量，将专利申请量排名前五的重点行业申请趋势进行对比；其次，选择专利申请量排名前五的重点行业作为分析对象，从专利申请趋势、专利申请国家和地区分布、技术构成、竞争力分析和主要专利申请人等方面，解读不同行业的专利布局策略，了解行业的技术现状及其他商业信息。

1. 行业分布情况

广东省海外专利的行业分布如图 3-19 所示，专利申请量排名前十的行业之间相差较大。

---

❶ 国家知识产权局关于印发《国际专利分类与国民经济行业分类参照关系表（2018）》的通知[EB/OL]. [2018-10-08]. http://www.sipo.gov.cn/gztz/1132609.htm.

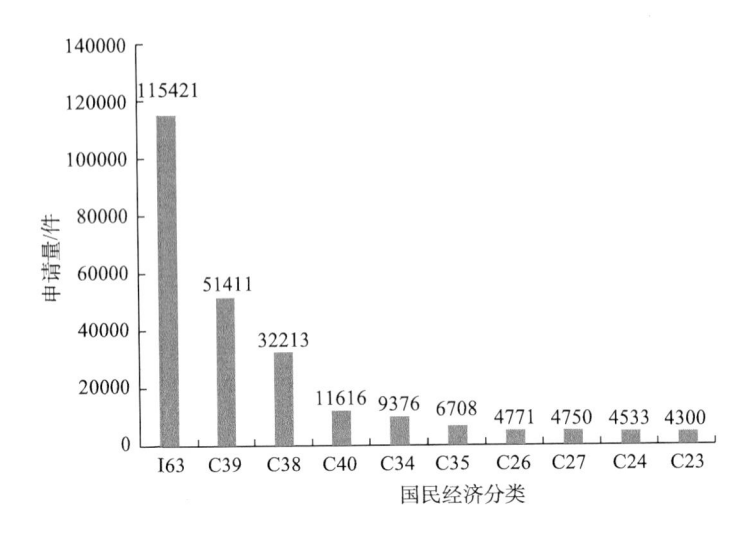

图 3-19 广东省海外专利布局前十国民经济行业分布

排名第一的 I63（电信、广播电视和卫星传输服务业）的专利申请量为 115421 件，而排名第二的 C39（计算机、通信和其他电子设备制造业）的专利申请量为 51411 件，第一名是第二名的 2.25 倍，排名第七的 C26（化学原料和化学制品制造业）的专利申请量仅为 4771 件，第七名到第十名的专利数量在 4771 件到 4300 件之间，相差不过 500 件专利。

从数量分布情况来看，广东省海外专利布局重点突出，同时行业分布具有多样性，比较传统的行业如金属制品业，仍然存在海外专利布局。

表 3-7 列出了广东省前十国民经济分类所涉及的具体行业申请分布。

表 3-7 广东省海外专利布局前十国民经济行业分布

IPC 分类（大类）	所属具体行业	专利数量/件
I63	电信、广播电视和卫星传输服务	115421
C39	计算机、通信和其他电子设备制造业	51411
C38	电气机械和器材制造业	32213
C40	仪器仪表制造业	11616
C34	通用设备制造业	9376
C35	专用设备制造业	6708

续表

IPC 分类（大类）	所属具体行业	专利数量/件
C26	化学原料和化学制品制造业	4771
C27	医药制造业	4750
C24	文教、工美、体育和娱乐用品制造业	4533
C23	印刷和记录媒介复制业	4300

2. 行业申请趋势

选取广东省海外专利申请量排名前五的国民经济行业，统计行业的专利年申请趋势，得出图 3-20。

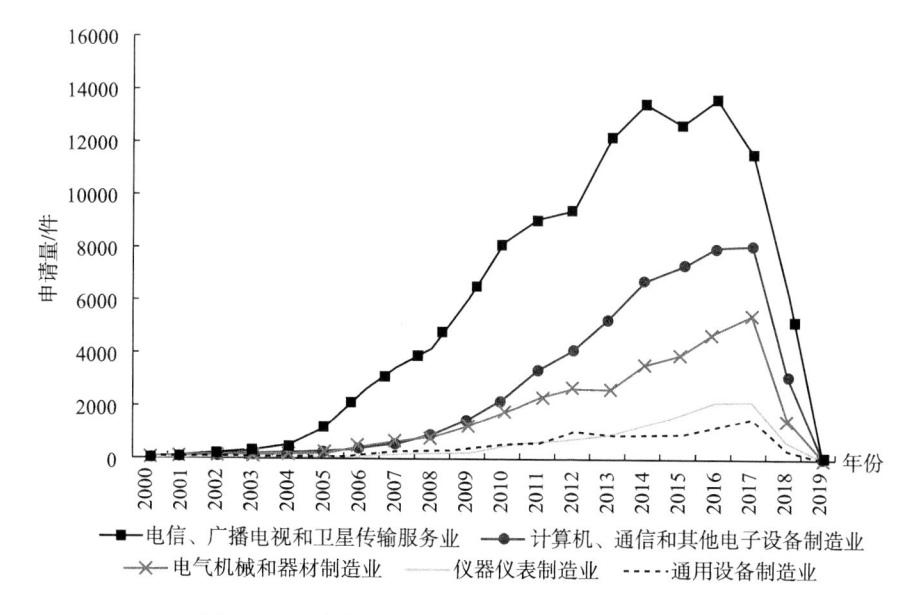

图 3-20 广东省海外专利布局前五行业申请趋势

由图 3-20 可知，2000—2016 年，选取的这五个行业专利申请量总体呈上升趋势（2017 年和 2019 年的数据因为专利申请后经过一定期限后才会公布，参考性较小）。

专利申请量最多的电信、广播电视和卫星传输服务业上升趋势最为迅猛，而通用设备制造业的专利申请量则维持一个较低的增长率，电信、广播电视和卫星传输服务业的专利申请量在 2014 年出现了明显的下降，而在 2015 年又恢复至与2013年相当的数量，通用设备制造业的海外专利申请数量在2012—2016年出现了短暂的下降，随后2017年又升至波峰。

电气机械和器材制造业在2012年有小幅度的下降，仪器仪表制造业的海外专利申请量在2008年有小幅度的下降，而计算机、通信和其他电子设备制造业则态势良好，海外专利申请量一直保持上升趋势。

如图3-20所示，这五个行业的海外专利申请量在2000—2017年，变化情况存在部分差异，具体的差异情况详见后文分析。

(二) 重点行业分析

1. 电信、广播电视和卫星传输服务业

(1) 行业简介

世界经济正从工业经济和农业经济结构迈向知识经济、信息经济、网络经济。由于通信技术的进步带动信息产业的发展，全球通信产业每年大约以10%的增长率发展。自21世纪进入信息化时代，通信技术的迅猛发展使得信息产业成为世界经济新的增长点。另外，在产业全球化、经济全球化和人际关系全球化的推动下，带动了通信技术的全球化，通信在技术、业务、管理、资本等方面都将向全球化方向发展。

我国的通信行业现今正处在高增长、变化快的节奏中。无论是在人类社会、经济活动，还是在人们日常生活的方方面面，都离不开电信这个高效、可靠的手段。近10年来，人类对通信技术的要求越来越高，通信商业市场的需求不断增长。强烈的需求和广阔的市场让通信技术一路高歌猛进，不断刷新电信、广播电视和卫星传输服务业的发展纪录。

电信技术日趋数字化、综合化、智能化、个人化以及宽带化。电信技术作为我国当前通信技术应用的主导技术，其在电子通信技术中的重要性不言而喻。

广东省在电信、广播电视和卫星传输服务业的海外专利位居全国前列。广东省在该行业专利申请量占据我国专利申请总量的77%。在广东省高新技术产业中，电信、广播电视和卫星传输服务业的产业规模居于第一位。该产业的不断发展壮大，加快了广东省产业高端化发展步伐，提高了广东省产业发展层次。

广东省通信和网络系统设备制造占全球制造50%以上，移动通信终端占全国终端50%以上。[1] 在这些数据的背后，华为、中兴、腾讯等通信企业作出了巨大贡献，并成为通信企业的标杆。广东省企业在珠江三角洲的依托下，占据"天时、地利、人和"，旗下品牌在全球范围内占据较高的市场份额，拥有良好的商誉和口碑。

（2）专利年度申请趋势

对广东省电信、广播电视和卫星传输服务业的海外专利年申请趋势进行统计，得出图3-21。由图3-21可知，广东省在电信、广播电视和卫星传输服务业的海外专利申请量整体呈现上升的趋势。在2000—2014年的15年里，广东省的海外专利申请数量在不断持续上升。

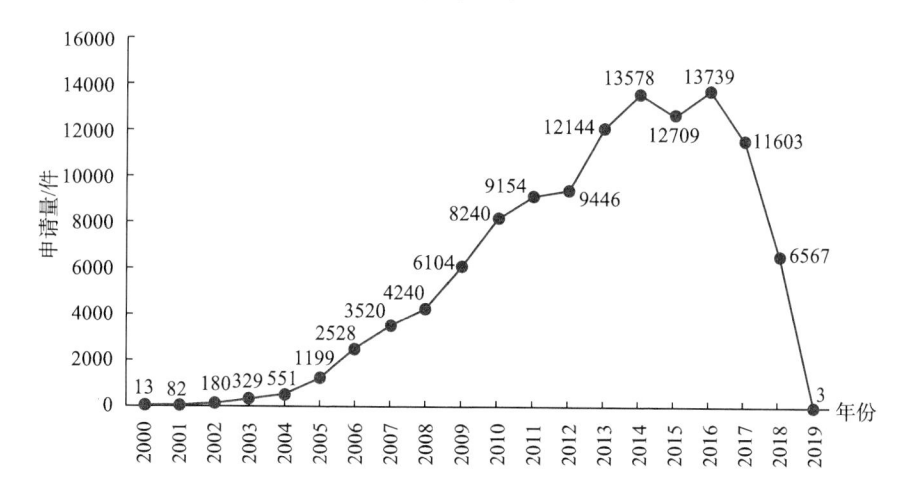

图3-21 广东省电信、广播电视和卫星传输服务业海外专利申请趋势

广东省电信、广播电视和卫星传输服务业的海外专利年申请趋势可以分为三个阶段，分别是萌芽期、成长期和成熟期。

萌芽期（2000—2004年）：2000年，广东省在电信、广播电视和卫星传输服务业的海外专利申请量仅为13件，2001年则达到了82件，超过

---

[1] 苏植权. 广东高技术制造业发展态势与创新策略[J]. 发展改革理论与实践, 2018 (8): 11-15.

2000年的6倍。2002年、2003年、2004年连续三年申请量增长率均在60%以上。

成长期（2005—2012年）：2005年和2006年的海外专利申请量迅速上升，年增长率均突破了110%，且专利申请总量突破千件大关。2005年之后，广东省电信、广播电视和卫星传输服务业的海外专利申请量更是以"千件"为单位在增长。2010—2012年，专利申请趋势较为平缓。该期间是我国遭受美国"337调查"的最艰难阶段，每年平均被诉25件。据相关统计，"337调查"中电子通信产业是重点被诉行业，其中与专利有关的案件高达87.1%。❶近20年来，针对我国的"337调查"涉及的10个行业分类中，电子工业涉案115件，排名第一，占比41.4%，这无疑是对海外专利申请的重创。但在被诉频繁的年份，广东省依旧稳定地保持专利申请量的上升趋势，实属不易，其高新技术实力可见一斑。

根据上述成长期的数据可以看出，在2005年后，广东省从事电信传输行业的申请人加大了专利技术的研发，并开始走出国门，一步步落实海外专利战略，对我国的电信传输行业的发展起到推动作用。

成熟期（2013年至今）：2013—2014年增长势头迅猛，海外专利申请数量突破万件大关。2015年增长率首次出现负值，申请数量较2014年减少了869件，专利申请量为12709件，是15年来的第一次波谷。2015年海外专利申请量虽然下降，但总数依旧是全国海外专利申请量的72.54%。2016年的申请量有所增加，年增长率为8.10%，专利申请总量为13739件。

（3）专利申请国家和地区分布

统计广东省电信、广播电视和卫星传输服务业的海外专利地域分布，选取海外专利申请量排名前11位的国家或地区，得出图3-22。

---

❶ 李新爱，高智伟. 美国"337调查"对我国知识产权的启示［J］. 科技与创新，2019（2）：10-12.

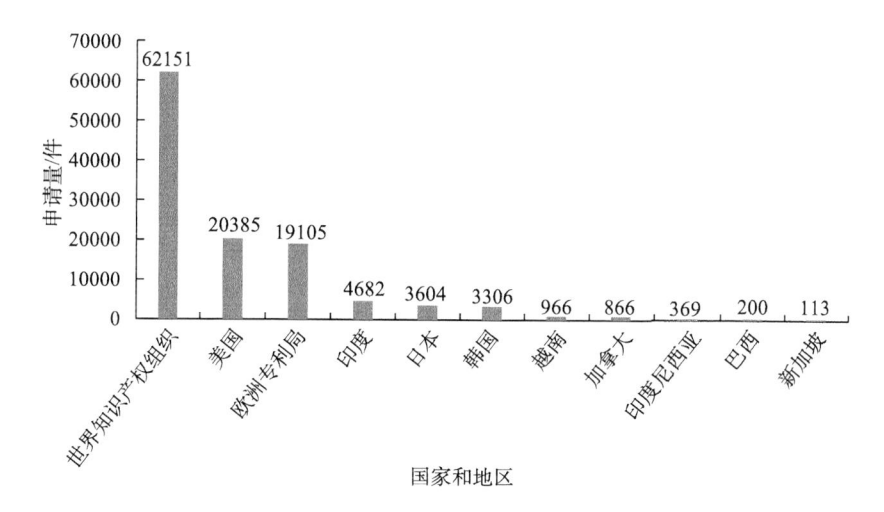

图 3-22 广东省电信、广播电视和卫星传输服务业海外专利地域分布

由图 3-22 可知，广东省电信、广播电视和卫星传输服务业的海外专利主要分布国家和地区是世界知识产权组织、美国、欧洲专利局、印度、日本和韩国。这五个国家和地区的专利申请量均在 3000 件以上。不考虑世界知识产权组织，美国以 20385 件专利申请排名第一。印度超越日本，以 4682 件专利排在第三位。申请人在考虑海外布局时，更多地会选择在产品的主要销售地或竞争对手产品所在地进行专利布局，推测申请人产品主要销售地或竞争对手产品所在地主要集中于这几个国家和地区。在发展中国家，我国移动智能终端等通信设备在成本投入和产品定价上，能够优胜于发达地区生产的设备。再者，如印度等发展中国家的专利制度不够完善、专利保护程度较弱，导致全球有力竞争者未在该国布局，所以广东省申请人在进行海外专利布局时较为偏爱印度。在印度申请大量的专利也是广东省进行新一轮全球专利布局的体现。

此外，越南、加拿大、印度尼西亚、巴西和新加坡的专利申请量均未超过千件。

（4）技术构成分析

统计广东省电信、广播电视和卫星传输服务业的海外专利 IPC 分类分布，选取海外专利申请量排名前 11 位的 IPC 分类分布，得出图 3-23。

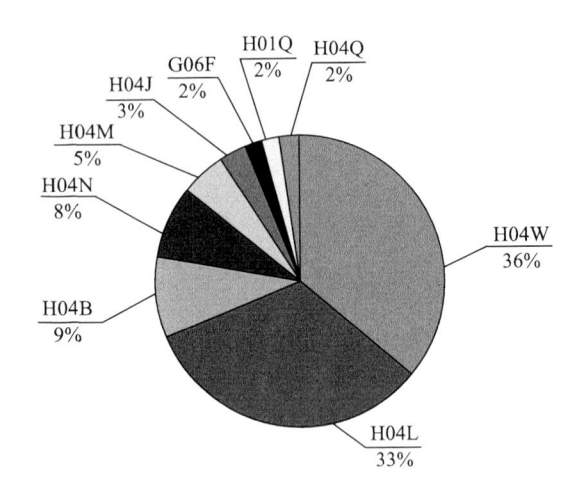

图 3-23 广东省电信、广播电视和卫星传输服务业海外专利技术领域分布

由图 3-23 可知，排名前三的 IPC 分类数量相差较大。IPC 分类号为 H04W 的专利占该行业的海外专利总数比重最大，总计 51309 件，占比 36%。

IPC 分类号为 H04L（数字信息的传输）的专利占比为 33%。海外专利数量排名第三的是 H04B（传输领域），占比为 9%。排名第四的是 H04N（图像通信领域），其占比与第三名的传输领域相差不大，占比为 8%。排名第五位的是 H04M（电话通信领域），专利总量为 7364 件，占比为 5%，其他领域如 H04J（多路复用通信领域）和 G06F（电数字数据处理领域）的专利占比均未达到 5%。

对上述统计的海外专利主要的 IPC 分类号进行年申请趋势统计，得出图 3-24。

根据图 3-24 可知，在电信、广播电视和卫星传输服务业的各个子领域中，近 20 年的上升趋势与整体水平同步。值得一提的是，专利申请总量第一的子领域 H04W（无线通信网络）的海外专利年申请量在 2009 年以前虽然增长速度较快，但从未超过 H04L（数字信息的传输）领域的申请；但自 2009 年开始，H04W（无线通信网络）领域的专利申请进入迅猛上升的状态，并首次超越了 H04W（无线通信网络）领域的申请量，至今一直维持着高于 H04W（无线通信网络）领域的专利申请量。

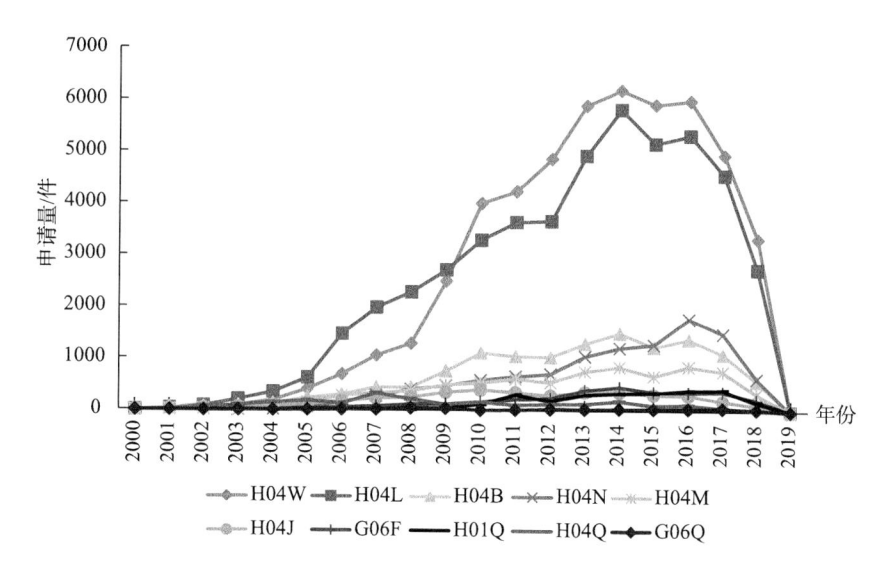

图 3-24　广东省电信、广播电视和卫星传输服务业海外专利技术申请趋势

作为专利申请量排名第二的 H04L（数字信息的传输），与排名第一的 H04W（无线通信网络）专利申请量、增长速度都明显高于其他领域，呈现齐头并进但又相互竞争的态势。

除了两大领域之外，还需关注的是 H04N（图像通信），其在 2012 年以前的增长速度并不突出，但 2013—2016 年增长率最高时达到了 48.7%。因此，推测在 H04N（图像通信）领域的海外专利申请量在未来的 5 年内还会以可观的增长速率上升。

表 3-7 是对图 3-23 和图 3-24 中 IPC 分类技术领域专利进行的具体分析。

表 3-7　广东省海外专利技术领域分布表（电信、广播电视和卫星传输服务业）

IPC 分类	所属技术领域	专利数量/件
H04W	无线通信网络	51309
H04L	数字信息的传输	47642
H04B	传输	12164

续表

IPC 分类号	所属技术领域	专利数量/件
H04N	图像通信	10875
H04M	电话通信	7364
H04J	多路复用通信	3688
G06F	电数字数据处理	3010
H01Q	天线	2773
H04Q	选择（开关、继电器、选择器；无线通信网络）	2285
G06Q	专门适用于行政、商业、金融、管理、监督或预测目的的数据处理系统或方法	469
G06T	一般的图像数据处理或产生	387

(5) 竞争力分析

a. 与全国同行业申请趋势对比。

统计全国和广东省电信、广播电视和卫星传输服务业的海外专利年申请趋势，如图 3-25 所示。

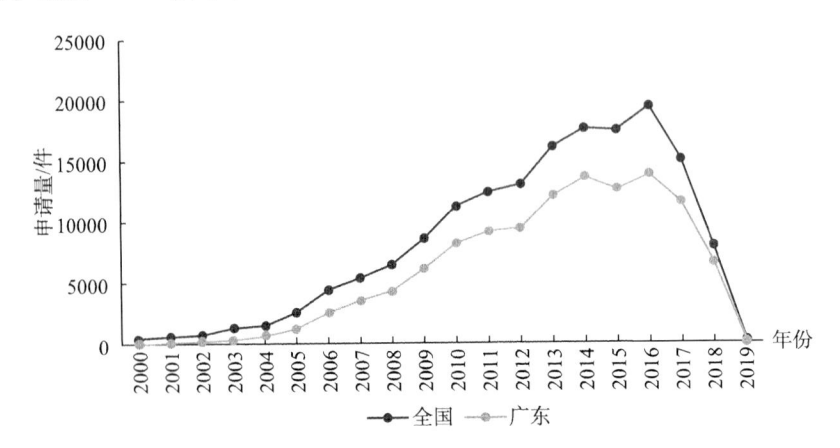

图 3-25 全国和广东电信、广播电视和卫星传输服务业海外专利申请趋势对比

由图 3-25 可知，自 2000 年以来，广东省海外专利申请量与全国海外专利申请量的增长趋势基本保持一致。

2000年，广东省在电信、广播电视和卫星传输服务业的专利申请仅有13件，仅占全国海外专利总数的5.7%。但2001—2004年，广东省的海外专利申请量的年增长率远高于全国平均水平。2001年的申请量占全国的20.5%，2002年占比达到28%。可见，在电信、广播电视和卫星传输服务业，广东省海外专利申请量在全国总量的占比稳步上升，广东省的技术处于领先的水平。

2014年，在电信、广播电视和卫星传输服务业，广东省的海外专利总数在全国海外专利总数的占比达到了77%。2015年，广东省和全国范围内的海外专利申请量均有下降，但2016年开始恢复了之前的上升趋势。2017—2019年的数据在此不予分析。

b. 与全国同行业技术生长率对比。

由图3-26可知，广东省及全国电信、广播电视和卫星传输服务业的技术生长率在2004—2006年均呈现上升趋势，推测2004—2006年是电信、广播电视和卫星传输技术的生长期，2007—2012年技术生长率均出现了下滑，但在2004—2012年，广东省的海外专利技术生长率始终比全国海外专利技术生长率要高。

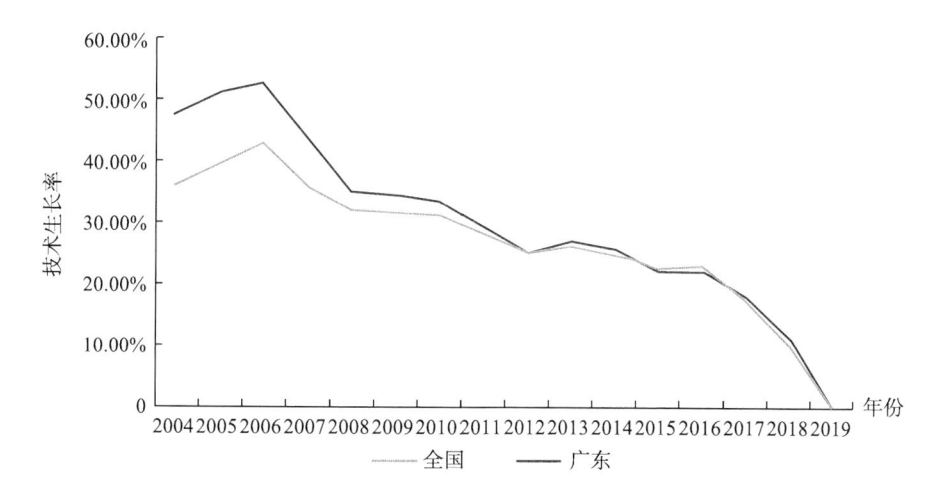

图3-26 全国和广东电信、广播电视和卫星传输服务业技术生长率对比

2012—2016年，广东省的技术生长率与全国技术生长率不相上下，且整

体的技术生长率在下降。2015 年全国的技术生长率为 22.86%，广东省的技术生长率为 22.28%，达到历史新低。2016 年的技术生长率有所上升，但数值上依旧停留在 23% 左右。可见，该电子通信、广播电视和卫星传输技术的增长空间日趋变小。

（6）主要专利申请人

对广东省电信、广播电视和卫星传输服务领域的海外专利进行主要申请人统计，选取专利数量排名前八的专利权人制作图 3-27。

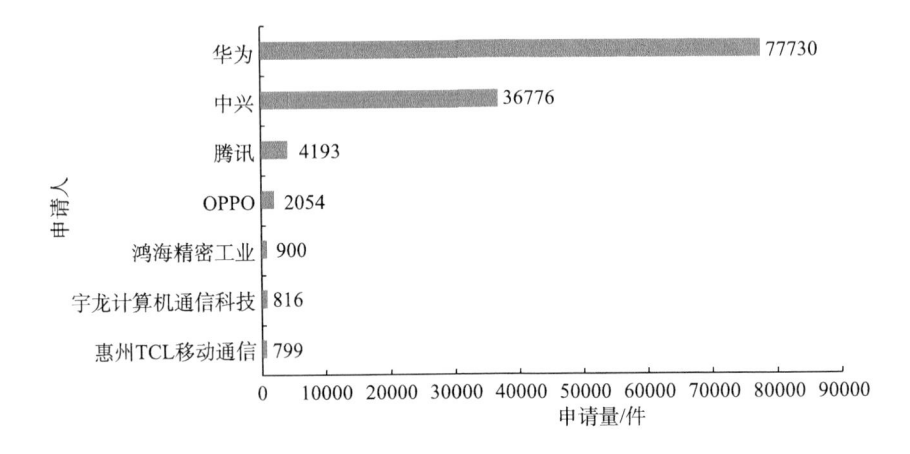

申请人	申请量/件
华为	77730
中兴	36776
腾讯	4193
OPPO	2054
鸿海精密工业	900
宇龙计算机通信科技	816
惠州TCL移动通信	799

图 3-27　广东省电信、广播电视和卫星传输服务业海外专利主要申请人申请排名

如图 3-27 所示，华为以 77730 件海外专利排名第一。作为世界知名跨国公司的华为，成立于 1987 年，是一家生产、销售通信设备的民营通信科技公司。华为的产品和技术已经应用于全球 100 多个国家和地区，服务全球运营商 50 强企业中的 45 家及全球 1/3 的人口。截至 2009 年 12 月底，华为累计申请专利 42543 件。在 3GPP 基础专利中，华为占 7%，居全球第五。据世界知识产权组织报道，2008 年 PCT 专利申请数中国公司首次占据榜首：华为 2010 年共递交了 1737 件申请，从 2009 年的第四位跃升为全球递交申请最多的公司。华为入选世界纪录协会 2009 年世界申请专利最多的公司，打破了世界纪录协会多项世界之最。

排名第二位的中兴专利数量仅为华为的 1/2 左右，为 36776 件海外专利。前不久，作为综合通信解决方案提供商的中兴抢先发行 5G 手机——天机 Axon 10 Pro。中兴的产品主要涵盖无线、核心网、承载等领域。2011年中兴PCT专利申请量跃居全球企业第一位，国内发明专利授权量与申请量也均列国内企业第一位。未来，中兴将继续致力于引领全球通信产业的发展，应对全球通信领域更趋日新月异的挑战。

排在第三位的腾讯在电信、广播电视和卫星传输服务领域的专利数量远不及中兴，数量上未达到1万件，仅有4193件专利。腾讯成立于1998年11月，是中国最大的互联网综合服务提供商之一，也是中国服务用户最多的互联网企业之一。2005年9月12日，腾讯再次入选由国家税务总局与中国税务杂志社联合评选的"2004年度中国纳税百强排行榜"中的"私营企业百强榜"第30名，同时在"2004年度中国七十行业（电信及其他信息传输服务业、计算机服务业、软件业、批发业）纳税二十强排行榜"中的"计算机服务业"位列第1名。2018年上半年，腾讯的中国发明专利授权量排名第九（664件）。

2. 计算机、通信和其他电子设备制造业

（1）行业简介

广东省的电子信息产业规模位居中国大陆第一，已成为当今中国乃至世界最重要的IT产品生产基地之一。广东省的电子信息产业主要集中于珠三角地区，以深圳、广州、东莞、惠州、佛山和中山市为主体，形成了著名的电子信息产业走廊。

2018年广东省的电子信息产业主营业务收入3.86万亿元，其中智能手机产量占全国的43.9%，集成电路占全国的17.3%，家电制造业工业总产值约占全国的40%；无人机产值超300亿元，产量占全国的90%。

通过司尔亚司数据信息有限公司（CEIC）统计的数据显示，如图3-28和图3-29所示，2000—2017年，广东省电子信息制造业的利润总额（利润总额=营业利润+营业外收入-营业外支出）呈现上升趋势。2000—2016年，广东省电子信息制造业的工业销售产值（工业销售产值包括销售成品价值和对外加工费收入）也呈现稳步上升趋势。

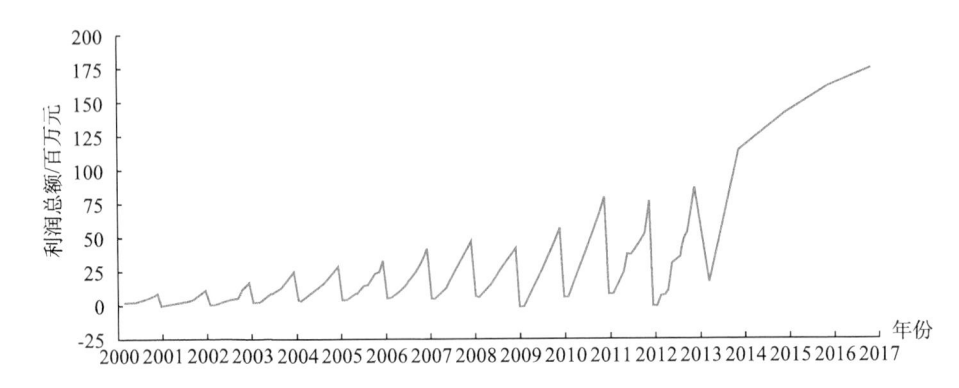

图 3－28　广东省电子信息制造业利润总额年度趋势

注：数据来源 WWW. CEICDATA. COM | Ministry of Industry and Information Technology。

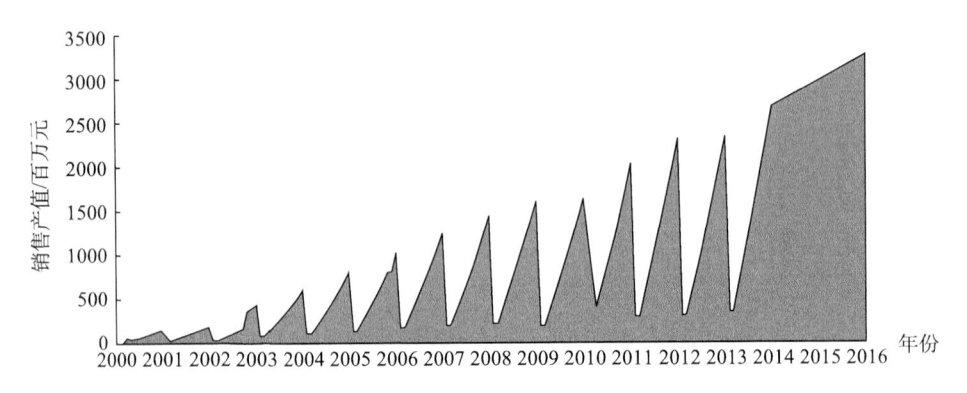

图 3－29　广东省电子信息制造业工业销售产值年度趋势

注：数据来源 WWW. CEICDATA. COM | Ministry of Industry and Information Technology。

（2）专利申请年度趋势

对广东省计算机、通信和其他电子设备制造业进行申请年趋势统计，选取 2000—2018 年的专利数据作图，如图 3－30 所示，广东省计算机、通信和其他电子设备制造业的年专利申请趋势呈现持续增长的态势。

广东省计算机、通信和其他电子设备制造业的海外专利年申请趋势可以划分为以下三个阶段。

萌芽期（2000—2008 年）：在该时期，广东省计算机、通信和其他电子设备制造业的海外专利年申请量呈现出缓慢增长的趋势，年增长率并不高。

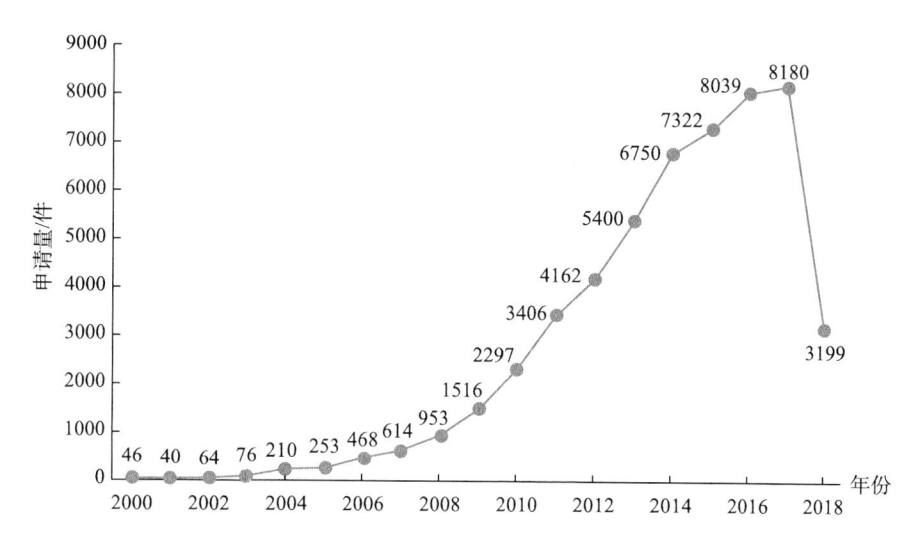

图 3-30 广东省计算机、通信和其他电子设备制造业海外专利年申请趋势

在 2000—2004 年四年间，海外专利申请量从 46 件增长至 210 件，专利数量首次突破百件；在 2004—2008 年四年间，海外专利年申请数量已从 2004 年的 210 件增长到 2008 年的近千件。

这一时期的广东省计算机、通信和其他电子设备制造业仍以加工制造为主，突破性的创新尚处于起步阶段。这一时期最令人关注的专利事件是 DVD 专利费"火烧"中国厂商的"中国制造"，中国 DVD 厂商沦为代工，国产品牌大量消亡，该事件启示了更多的广东申请人由"中国制造"向"中国创造"发展的意识。

成长期（2009—2016 年）：在这一时期，知识产权日益成为申请人关注的焦点。广东省计算机、通信和其他电子设备制造业的海外专利申请以年申请量每年增长 1000 件的速度在不断地扩大。

持续增长期（2017 年至今）：这一时期由于海外专利数据收录或公开并不完整，所以并不能看出实际的申请量，但根据现有数据可以预测，该阶段海外专利申请量仍将保持较高的年申请量，但增长可能放缓，进入一个平稳的增长阶段。

（3）专利申请国家分布

对广东省电子信息产业的海外专利进行地域分布统计，选取海外专利数量排名靠前的国家和地区制作图3-31。

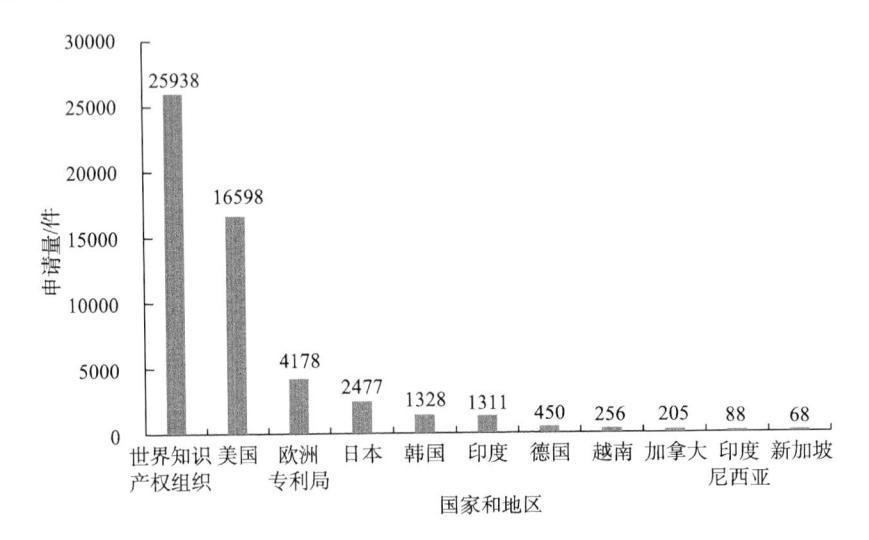

图3-31 广东省计算机、通信和其他电子设备制造业海外专利地域分布

由图3-31可知，美国、欧洲、日本、韩国、印度为第一梯队，美国以16598件专利遥遥领先于其他国家，排名第二。第三是欧洲专利局的4178件专利，数量仅为美国的1/4。排名第四的是日本（2477件）。排名第五位的是韩国（1328件）。印度属于发展中国家，广东省计算机、通信和其他电子设备制造业的海外专利分布有1311件在印度布局，仅次于韩国。

广东省计算机、通信和其他电子设备制造业海外专利申请地域分布的第二梯队是德国（450件）、越南（256件）和加拿大（205件），第三梯队是印度尼西亚（88件）和新加坡（68件）。其中，印度尼西亚是"一带一路"沿线国家，随着申请人"走出去"步伐的加快，推测广东省计算机、通信和其他电子设备制造业在印度尼西亚的专利申请将会有所增长。

（4）技术构成分析

对广东省计算机、通信和其他电子设备制造业的海外专利进行技术领域统计，选取专利数量排名前十的技术领域进行分析，如图3-32所示，在专利数量排名前十的技术领域中，G06F（电数字数据处理）占据了53%的份额，超过一半的专利属于该技术领域。可见，计算机、通信和其他电子设备制造业的技术分布比较集中，大部分专利属于电子制造业。

计算机、通信和其他电子设备制造业的 IPC 分类主要集中在 G 部（物理）和 H 部（电学）。这也与该计算机、通信和其他电子设备制造业的技术相关联。

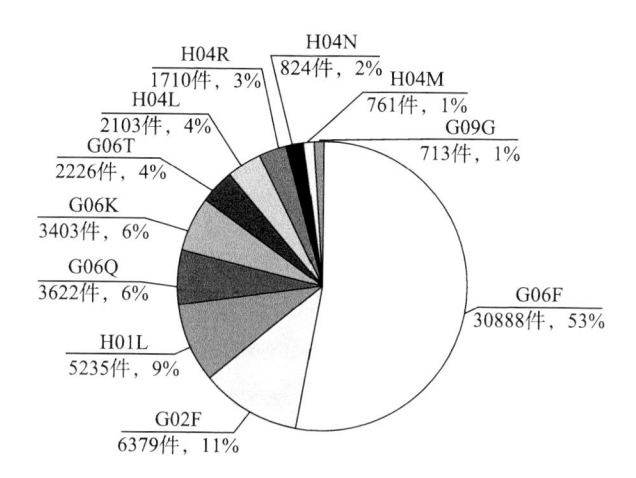

图 3-32 广东省海外专利技术领域分布（计算机、通信和其他电子设备制造业）

对上述统计的海外专利主要的 IPC 分类进行年申请趋势统计，得出图 3-33。

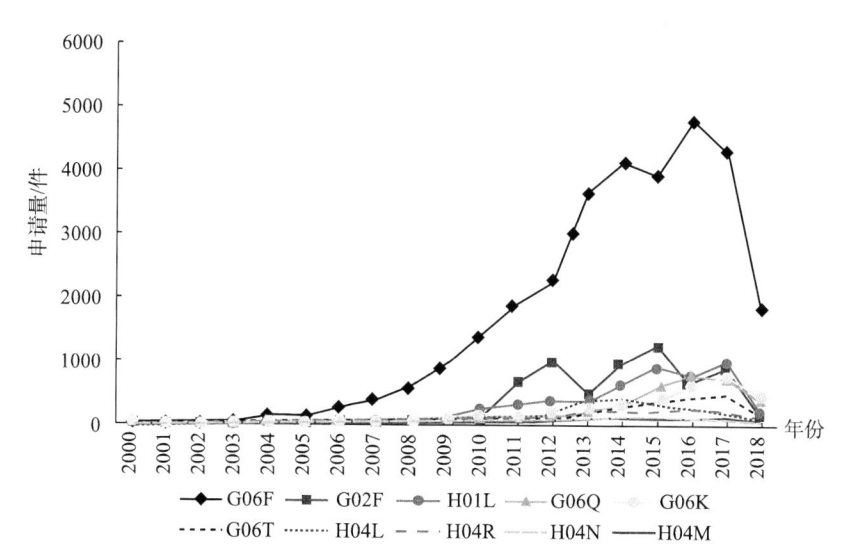

图 3-33 广东省计算机、通信和其他电子设备制造业海外专利主要技术领域年申请趋势

由图 3-33 可知，在计算机、通信和其他电子设备制造业的各个子领域中，G06F（电数字数据处理）变化趋势最为明显；另外，G02F（用于控制光的强度、颜色、相位、偏振或方向的器件或装置；用于上述操作的技术或工艺；变频；非线性光学；光学逻辑元件；光学模拟/数字转换器）也有小范围的波动。

表 3-8 是对图 3-33 中出现的 IPC 分类所属技术领域进行的详细解释。

表 3-8　广东省计算机、通信和其他电子设备制造业海外专利技术领域分布

IPC 分类	所属技术领域	专利数量/件
G06F	电数字数据处理	30888
G02F	用于控制光的强度、颜色、相位、偏振或方向的器件或装置，例如转换、选通、调制或解调，上述器件或装置的光学操作是通过改变器件或装置的介质的光学性质来修改的；用于上述操作的技术或工艺；变频；非线性光学；光学逻辑元件；光学模拟/数字转换器	6379
H01L	半导体器件；其他类目中不包括的电固体器件	5235
G06Q	专门适用于行政、商业、金融、管理、监督或预测目的的数据处理系统或方法；其他类目不包含的专门适用于行政、商业、金融、管理、监督或预测目的的处理系统或方法	3622
G06K	数据识别；数据表示；记录载体；记录载体的处理	3403
G06T	一般的图像数据处理或产生	2226
H04L	数字信息的传输	2103
H04R	扬声器、传声器、唱机拾音器或其他声—机电传感器；助听器；扩音系统	1710
H04N	图像通信	824
H04M	电话通信	761
G09G	对用静态方法显示可变信息的指示装置进行控制的装置或电路传输数据的装置	713

（5）竞争力分析

a. 与全国同行业申请趋势比对。

统计全国和广东省的计算机、通信和其他电子设备制造业年专利申请趋势，得出图 3-34。

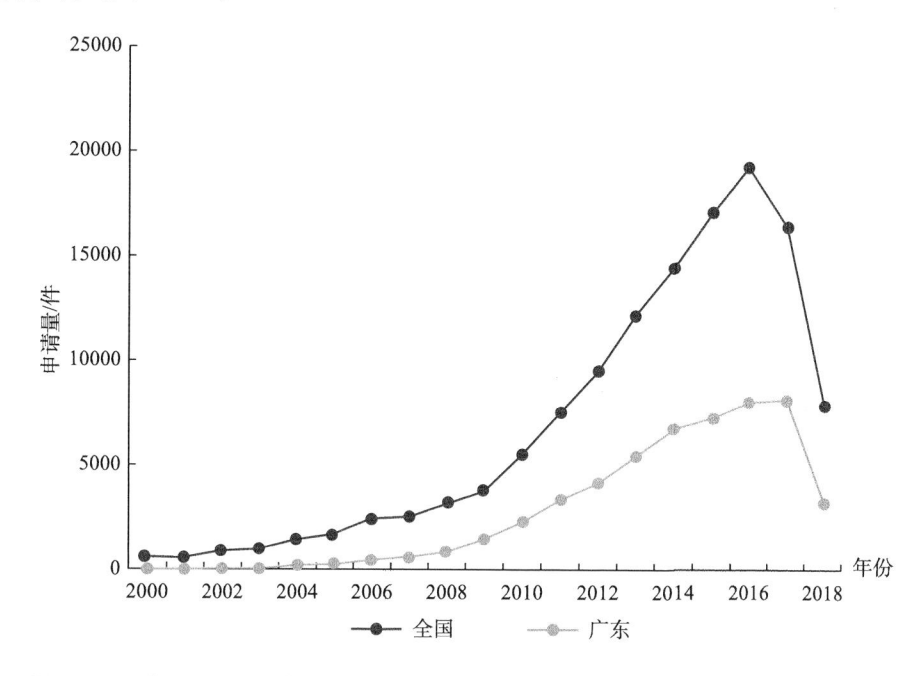

图 3-34　全国和广东计算机、通信和其他电子设备制造业海外专利年申请趋势对比

由图 3-34 可知，不管是全国还是广东省，二者的海外专利年申请量的转折点均出现在 2009 年，2009 年之后，全国计算机、通信和其他电子设备制造业海外专利增长率较广东省的要高。

b. 与全国同行业技术生长率比对。

对全国和广东省的计算机、通信和其他电子设备制造业的技术生长率进行统计，如图 3-35 所示。

由图 3-35 可知，全国和广东省的计算机、通信和其他电子设备制造业的技术生长率变化较为相似。2004 年开始，广东省技术生长率出现大幅度下降，全国的技术生长率下降趋势较为缓和。随后在 2006 年两者均出现较大幅度的回升。2007—2009 年持续一段平缓期后，2009 年全国技术生长率出现大幅度上升，而广东省技术生长率则出现小范围的下降，直到 2011 年广东省的技术生长率出现断崖式下降。2011 年之后的五年，全国的技术生长率开始缓慢下降。

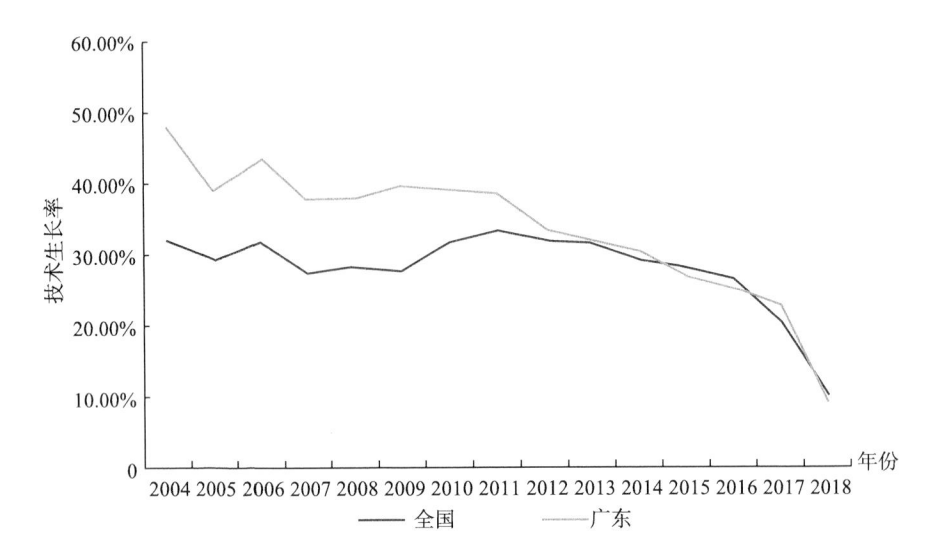

图 3-35　全国和广东计算机、通信和其他电子设备制造业技术生长率对比

(6) 主要专利申请人

对广东省计算机、通信和其他电子设备制造业的海外专利主要申请人进行统计，选取专利数量排名前十的专利权人进行，得出图 3-36。

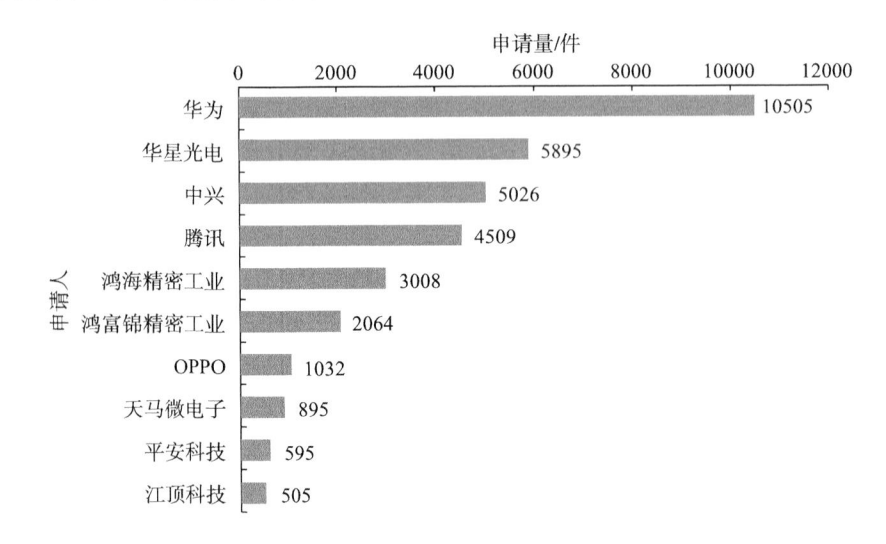

图 3-36　广东省计算机、通信和其他电子设备制造业海外专利主要专利申请人申请排名

如图 3-36 所示，华为以 10505 件海外专利排名第一，排在第二位的华星光电，其专利数量仅为华为的 1/2 左右，为 5895 件海外专利。据市场研究机构 IDC 发布 2019 年一季度全球智能手机市场报告，华为一季度智能手机出货量飙升 50%，至 5910 万部，继 2018 年第二季度后再次超越苹果，并进一步缩小了与三星的差距，在全球智能手机市场占据份额达到 19%，创历史新高。

在专利数量排名前十的专利权人中，鸿海精密工业以 3008 件海外专利排在第五位，鸿富锦精密工业紧随其后，以 2064 件排在第六位。富士康是鸿海精密工业旗下的公司，鸿富锦精密工业是富士康旗下的公司，鸿富锦精密工业是鸿海精密工业的子公司。IDC 于 2019 年 3 月初发布了全球智能手机 ODM/EMS 出货量排行榜，虽然在 2018 年第四季度富士康超过了三星成为第一，但 2018 年全年中三星依然是全球最大的智能手机生产厂，富士康第二，OPPO 第三，Vivo 第四，和硕第五。

3. 电气机械和器材制造业

（1）行业简介

电器机械及器材制造业是我国国民经济行业分类中一个非常重要的大类，细分行业包括电机设备、电工器械、发电设备制造、输变电及控制设备、电线电缆、日用电器制造等，手机和电动汽车使用的锂离子电池，家里的空调、洗衣机以及电灯、电磁炉、家用电气厨具炊具等都是其相关产品。该行业产品技术密集程度较高，其在提升产业经济、提高国民生活质量中起着不可替代的基础性作用。广东省电气机械和器材制造业是广东省装备制造业的三大支柱产业之一，2010 年该行业工业总产值约为 7080 亿元，在广东省所有行业产值中排名第二。全国 17387 家电器工业企业中，珠三角地区的广东占 2495 家。

从发展进程来看，中国在电气机械和器材制造业已经实现了普遍性的技术突破，同时大量出口全世界，全球份额较高，部分技术也已经全球领先。但仍然存在许多不足。比如，2017 年的全球十大光纤光缆公司，虽然中国占了五家，但技术含量很高的海底光缆，我国企业所占份额不高。除了光纤光缆，以及难度很高的光纤预制棒技术被中国公司陆续攻克并且实现较高份额以外，高纯度的硅锗料、高性能的帮助实现超低衰减的光纤涂料等，我国还大量依赖进口。由小见大，"系统强，部件弱"的态势目前几乎是贯穿于各个产业，其如电力的发电、输电、配电设备等，中国有大批公司但总体技术水平上还是差了一截。

因此，大力发展科技、掌握核心技术是下一步中国在电气机械和器材制造业必须走也要走好的一步，如此才能真正实现从制造大国到制造强国的飞跃。[1]

（2）专利年度申请趋势

根据图3-37可知，广东省的海外专利申请量总体呈现上升趋势。2000—2017年，广东省的海外专利年申请趋势可以划分为萌芽期、爆发期和持续增长期三个时期。

萌芽期（2000—2008年）：这段时期，广东省海外专利申请数量从200件开始出现缓慢的增长，2008年已达7827件。

2007年广东省人民政府发布《广东省知识产权战略纲要（2007—2020）》，在广东省政府的大力支持下，广东省申请人更积极实施海外专利布局战略，推动广东省的高新技术走向世界。

爆发期（2009—2016年）：这段时期，广东省企业的海外专利申请量突破1万件大关，并在2016年达到年申请专利的历史高峰，高达3万多件。

持续增长期（2017年至今）：近些年，随着人们知识产权保护意识的增强，广东省的海外专利布局数量逐年增长的同时，也更加重视专利的质量。

---

[1] 从研发投入看中国产业未来：电气机械和器材制造业[EB/OL]．[2019-02-25]．http://www.cmiw.cn/article-324487-1.html．

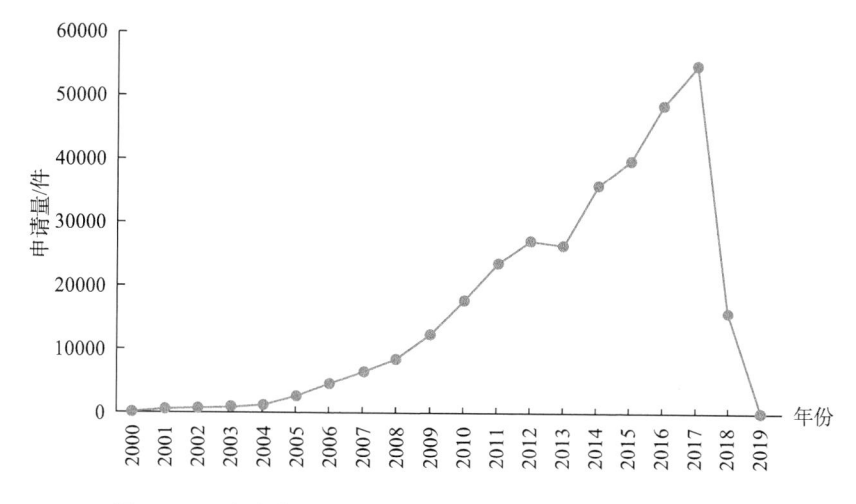

图 3-37 广东省电气机械和器材制造业海外专利年申请趋势

（3）专利申请国家分布

根据图 3-38 可知，在不考虑世界知识产权组织的情况下，广东省电气机械和器材制造业在美国申请量最多，以 11269 件排名第一，占总体申请量的 62%。美国一直是诸多企业选择专利布局的热门国家，专利申请量遥遥领先。

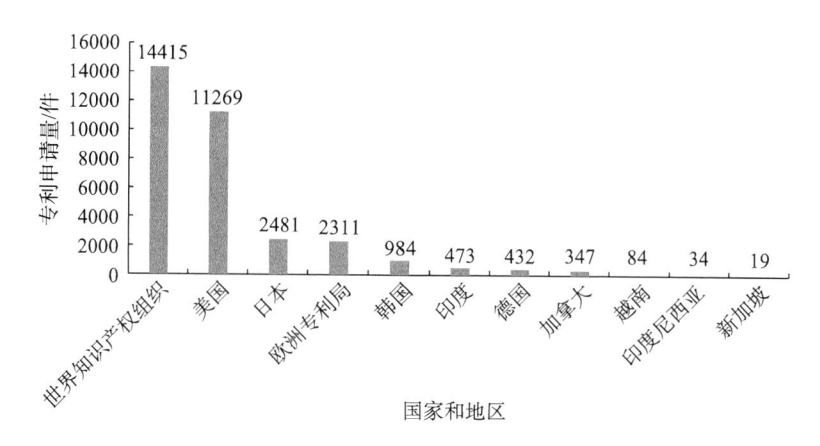

图 3-38 广东省电气机械和器材制造业海外专利地域分布

除此之外，日本、欧洲和韩国也有较多的专利申请，分别是 2481 件、2311 件和 984 件。值得注意的是，日本在电气机械和器材制造业下拥有较大的市场并且具有较强的技术能力,也有较多的知名企业,比如西门子、松下、三菱等,这些都是广东省在电气机械和器材制造业的主要竞争对手。

此外,虽然在印度、德国、加拿大、越南、印度尼西亚、新加坡都有专利布局,但数量不是很多,均在1000件以下。

(4)技术构成分析

从图3-39和表3-9可知,排名前三的技术领域申请数量相差不大。G09G(用静态方法显示可变信息的指示装置进行控制的装置或电路)专利占该行业的海外专利总数比重最大,总计3906件专利,占排名前十IPC分类总量的16%。专利数量排名第二的F21V(数字信息的照明装置或其系统的功能特征或零部件)共计3601件,占排名前十IPC分类总量的14.9%;第三和第四名分别是H02J(供电或配电的电路装置或系统;电能存储系统)和H01M(用于直接转变化学能为电能的方法或装置),分别占总量的13%和11%,相差不大。排在第五位的H01R(导电连接;一组相互绝缘的电连接元件的结构组合;连接装置;集电器)占到10%,其他分类领域均在10%以下,相互之间差距不太大,数量分布比较平均。原因可能是,随着科技的发展,互联网及手机等信息传播工具成为获取图形信息的终端媒介,显示器已从传统的CRT显示器变成大屏、轻薄的液晶显示器和平板。

表3-9 广东省电气机械和器材制造业海外专利技术领域分布表

IPC分类	对应技术	专利数量/件
G09G	用静态方法显示可变信息的指示装置进行控制的装置或电路	3906
F21V	照明装置或其系统的功能特征或零部件;不包含在其他类目中的照明装置和其他物品的结构组合物	3601
H02J	供电或配电的电路装置或系统;电能存储系统	3007
H01M	用于直接转变化学能为电能的方法或装置	2745
H01R	导电连接;一组相互绝缘的电连接元件的结构组合;连接装置;集电器	2496
F21S	非便携式照明装置或其系统;专门适用于车辆外部的车辆照明设备	1835

续表

IPC 分类	对应技术	专利数量/件
H05B	电热；其他类目不包含的电照明	1796
F24F	空气调节；空气增湿；通风；空气流作为屏蔽的应用	1678
H02M	用于交流和交流之间、交流和直流之间或直流和直流之间的转换以及用于与电源或类似的供电系统一起使用的设备	1550
A47J	厨房用具；咖啡磨；香料磨；饮料制备装置	1516

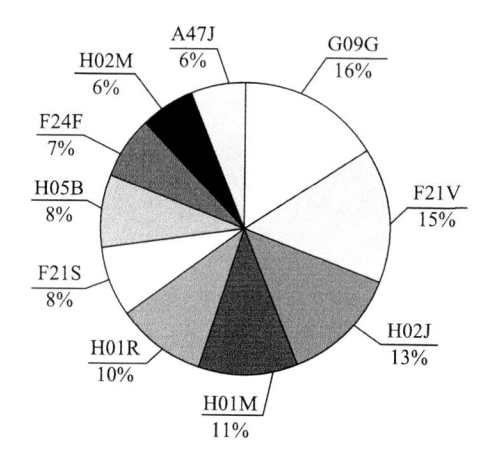

图 3-39　广东省电气机械和器材制造业海外专利技术领域 IPC 分类分布

根据图 3-40 可知，在电子机械和器材制造业的主要 IPC 分类中，整体呈上升趋势。但值得注意的是，F21V（照明装置或其系统的功能特征或零部件；不包含在其他类目中的照明装置和其他物品的结构组合物）在 2008—2013 年一直保持领先，2011—2012 年爆增。从 2014 年起，G09G（用静态方法显示可变信息的指示装置进行控制的装置或电路）开始处于领先地位，并且在 2014 年内增长较快，随后一年有所下滑，之后又开始高速增长。H02J（供电或配电的电路装置或系统；电能存储系统）在 2015 年增长最快。

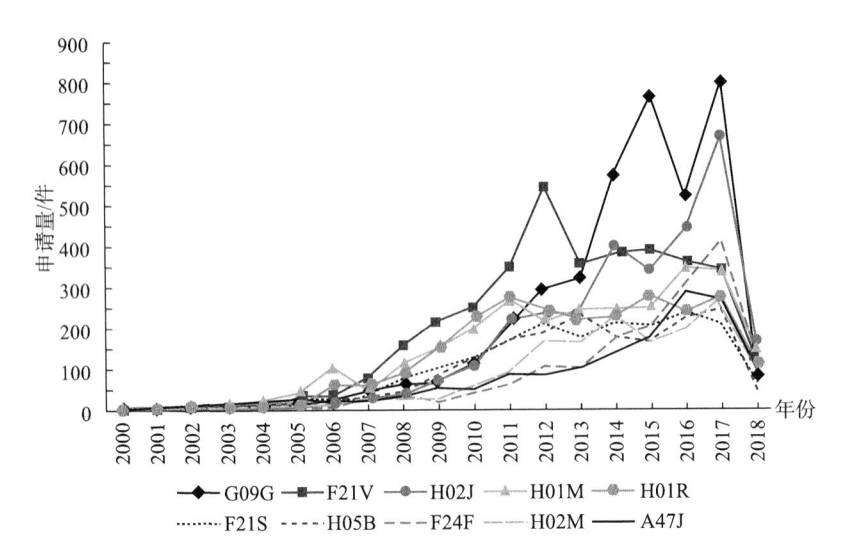

图 3-40　广东省电气机械和器材制造业海外专利不同技术领域年申请趋势

(5) 竞争力分析

a. 与全国同行业申请趋势比对。

根据图 3-41 可以看出,自 2000 年以来,全国和广东省在电子机械和器材制造业专利申请量的总体趋势是上升的。与全国申请趋势相比,广东省的申请趋势较为平缓。全国的专利申请数量在 2009 年之后激增,专利申请量增速较快,但在 2015 年时申请量下降;广东省专利申请数量在 2012 年有轻微下降,随后恢复增长趋势,在 2015 年全国申请量下降的情况下依然保持上升趋势,属于发展较为稳定的行业。由于专利数据的滞后性,2017—2019 年的数据存在不准确性,在此不予分析。

b. 与全国同行业技术生长率对比。

根据图 3-42 可以看出,全国电气机械和器材制造业 2012—2015 年的技术生长率呈现上升趋势,说明在电气机械和器材制造领域 2012—2015 年是电子机械和器材制造业的生长期,2016 年技术生长率出现了下滑;2004—2012 年,广东省电气机械和器材制造业的海外专利申请量的年增长率高于全国平均水平,2013—2015 年,广东省的技术生长率比全国技术生长率低,可见其电气机械和器材制造业生长空间在日趋变小。全国生长率较为稳定,而广东省在持续下降的原因可能是:虽然中国电气机械和器材制造业已经实现了普遍性的技术突破,同时大量出口全世界,但广东省的电气机械和器材制造业因为较为集中受市场紧缩影响较大。

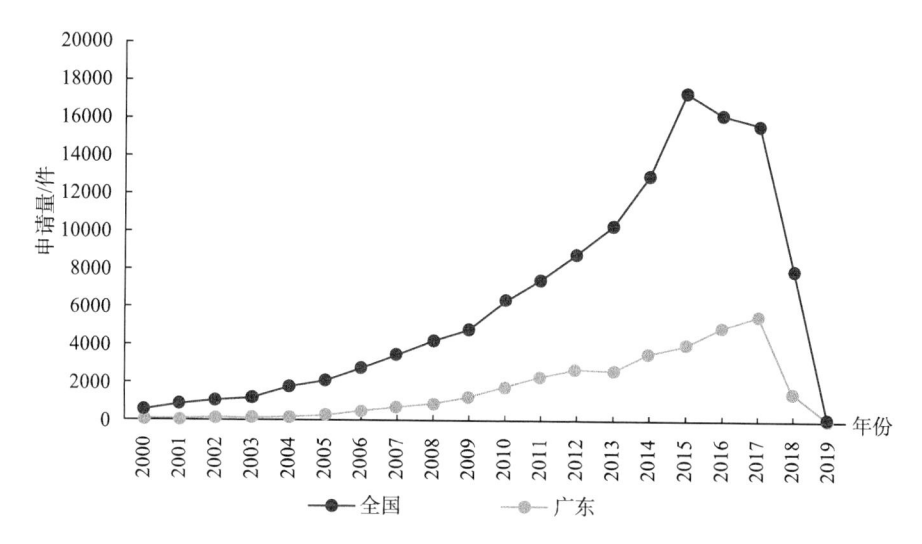

图3-41 全国和广东电气机械和器材制造业海外专利年申请趋势对比

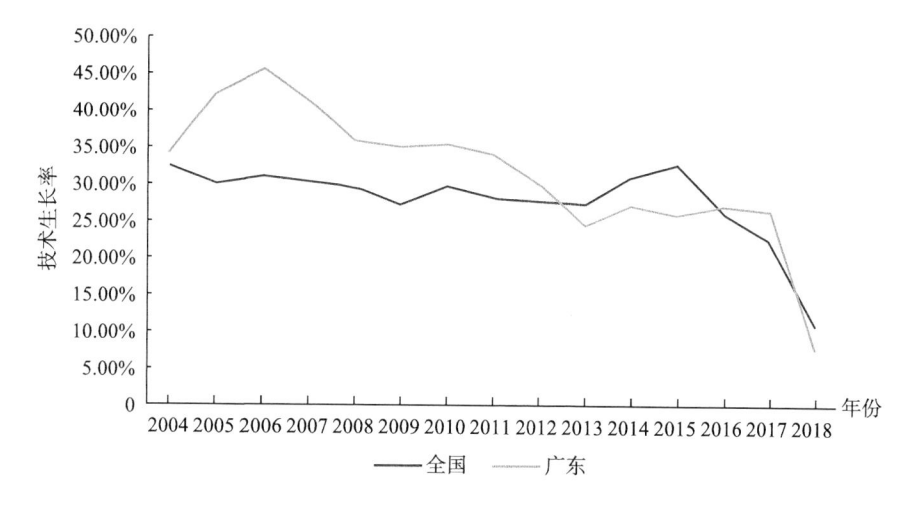

图3-42 全国和广东电气机械和器材制造业技术生长率对比

(6)主要专利申请人

对广东省电气机械和器材制造业的海外专利主要申请人进行统计,选取专利数量排名前十的专利权人进行分析，得出图3-43。

如图3-43所示，排名第一的华为，专利申请共计2991件。华为的传统业务为网络设备及相关服务，它在电气机械和器材制造业中广泛布局于其网络基站及配套设备，可被划入C38分类中，特别是其中有大量G部、H部的专利。此外，华为也热心于海外专利布局，2008年，华为提交了1737项PCT专利申请，超过了第二大国际专利申请大户松下（日本）的1729项，和皇家飞利浦电子有限公司（荷兰）的1551项。世界知识产权组织在其网站上公布2008年全球专利申请情况，华为名列PCT申请量榜首。入选中国世界纪录协会专利申请世界之最。2019年3月19日，世界知识产权组织发布的年度报告显示，华为的专利申请量在企业中位居全球第一。

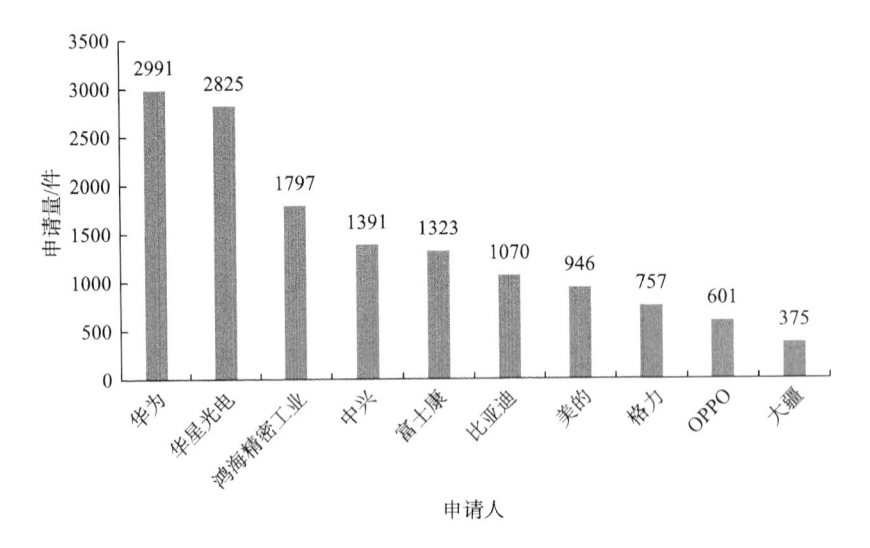

图3-43 广东省电气机械和器材制造业海外专利重点申请人专利申请分布

华星光电以2825件专利申请排名第二，其独立开发的具有自主知识产权的HVA技术的穿透率指标处于业界领先水平，PCT专利申请超过500项。2012年3月的"中华之星"于当年3月9日在北京正式发布，标志着我国显示器时代往前迈出历史性一步，实现了中国视像行业先进显示技术的历史性突破，使中国继日本、韩国后成为掌握自主研制高端显示科技的国家。

排名第三的鸿海精密工业，专利申请共计 1797 件。该集团多年来致力于研发创新，以核心技术为中心，包括纳米技术、环保制程技术、平面显示器技术、无线通信技术、精密模具技术、伺服器技术、光电/光通信技术材料与应用技术及网路技术等。2002 年，其跃居我国台湾第一大民营制造企业，在《商业周刊》2002 年"全球科技百强"中排名第三。截至 2005 年底，其已在全世界共获超过 15300 件专利，不仅连续三年蝉联中国台湾年度专利申请数及授权数双料冠军，在美国麻省理工学院的全球年度专利排行榜（MIT Technology Review）中，亦是全球前 20 名中唯一上榜的华人企业。

同时值得关注的是，美的、格力这两家电气设备生产商在海外也有一定的专利布局，这反映了传统的国内企业开始迈向国际的趋势。

4. 仪器仪表制造行业

（1）行业简介

仪器仪表是用以检出、测量、观察、计算各种物理量、物质成分、物性参数等的器具或设备。真空检漏仪、压力表、测长仪、显微镜、乘法器等均属于仪器仪表。经过 10 年来的发展，我国仪器仪表行业少数产品接近或达到当前国际水平，许多产品具有自主知识产权。工业自动化仪表及控制系统品种系列较全，使国家重点大型工程配套能力大大提高。该行业中，广东省孕育了一大批技术实力较为强劲的企业，如深圳拓普瑞电子有限公司、广州德禄讯信息科技有限公司、广州致远电子有限公司等。另外，华为、中兴、富士康等明星企业在该行业也有所涉及且在专利申请上布局广泛。

为说明该行业经济规模及其他各项特征，此处主要引用《2017 年中国仪器仪表行业总体发展概况分析》❶ 中的多项数据。2017 年我国仪器仪表制造业年度总产值为 9995.00 亿元，产值同比增长 2.60%；资产总额为 9271.00 亿元，年度销售收入为 9558.40 亿元，销售收入同比增长 2.17%；年度利润总额为 869.10 亿元，利润同比增长 9.97%。2017 年 1～12 月，全国 31 个省

---

❶ 2017 年中国仪器仪表行业总体发展概况分析 [EB/OL]. [2018－07－01]. http：//www.chyxx.com/industry/201807/660238.html.

市仪器仪表行业累计出口总额为438.71亿美元，比上年同期增加936.72亿美元，增幅为27.15%，其中，广东省出口增加额超过70亿美元。由此可见，广东省仪表仪器行业产品在海外销路较好，相比于全国其他省份具有更强的竞争力。

（2）专利年度申请趋势

广东省仪器仪表制造业的海外专利总数为12059件，占265369件广东省海外专利的4.5%。统计广东省仪器仪表制造业的海外专利年申请趋势，得出图3-44。

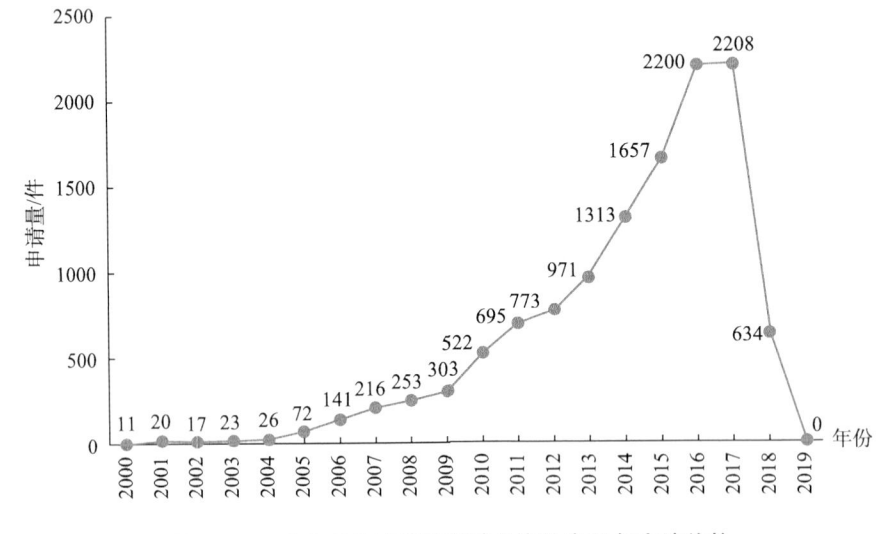

图3-44　广东省仪器仪表制造业海外专利年申请趋势

广东省仪器仪表制造业的海外专利年申请趋势可以分为两个阶段，分别是萌芽期、成长期。

萌芽期（2000—2009年）：这一阶段专利申请年增长量不大，增加量最大为2007年，增加量为75件，但总体上一直保持着缓慢上升的趋势。

成长期（2010—2015年）：这一阶段年增长率较高且趋于稳定，2013—2016年，广东省仪器仪表制造业海外专利平均年增长率为130%。

（3）专利申请国家和地区分布

统计广东省仪器仪表制造业的海外专利地域分布，选取海外专利申请量

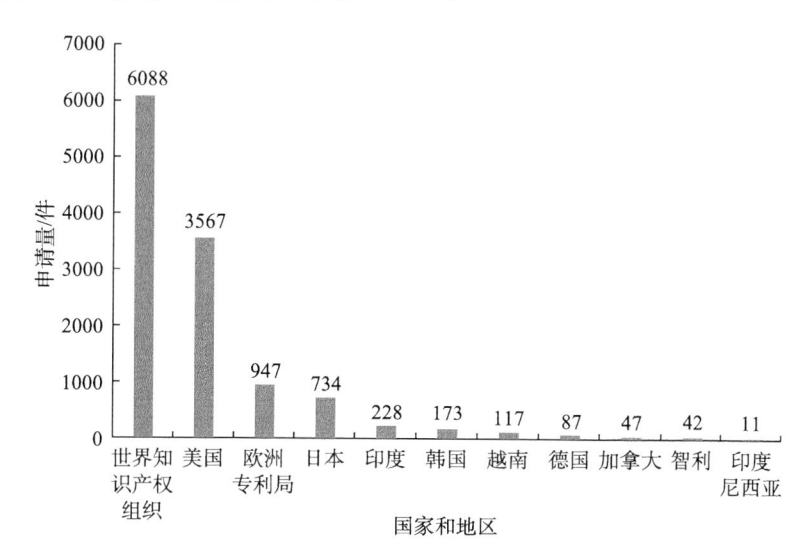

排名前 11 位的国家和地区，得出图 3-45。

图 3-45 广东省仪器仪表制造业海外专利地域分布

由图 3-45 可知，广东省仪器仪表制造业的海外专利主要分布依次是世界知识产权组织、美国、欧洲、日本、印度和韩国，这 6 个国家和地区的专利申请量均在 150 件以上。此外，德国、加拿大、智利和印度尼西亚的专利申请量均不超过百件。

（4）技术构成分析

统计广东省仪器仪表制造业的海外专利 IPC 分类分布，选取海外专利申请量排名前 11 位的 IPC 分类进行分析，得出图 3-46。

由图 3-46 可知，排名第一的 G02B（光学元件、系统或仪器）领域在该行业海外专利中占比 27%，其小组下专利产品多为镜头、显示屏、光处理装置，专利方法为光处理系统，应用端技术的典型产品有 VR 眼镜、电视机电脑显示屏、显微镜、望远镜、相机镜头、过滤器等。

选取主分类号作为最相关技术领域，对具体到 IPC 分类小组进行统计，专利分布集中的 IPC 分类小组为 G05D 1/10，共有 215 件专利。值得一提的是，在 1504 个 IPC 分类小组中，有 1286 个分类小组（占 IPC 分类小组总量的 85%）涉及的专利数小于或等于 10 件，推测该行业在海外所布局的专利在技术分布上较为分散，原因可能是国民经济分类号 C40 所代表的仪表仪器制造行业下技术分支众多。细分不同技术领域年申请量趋势如图 3-47 所示。

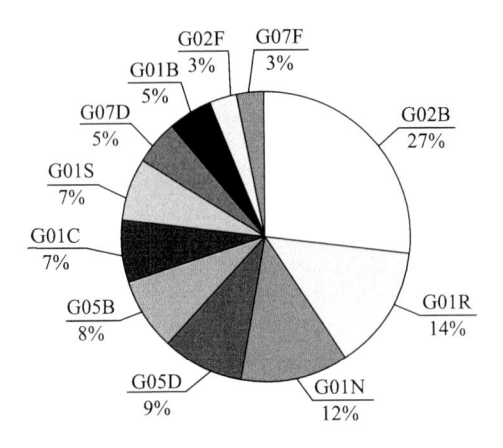

图 3-46 广东省仪器仪表制造业海外专利技术领域分布

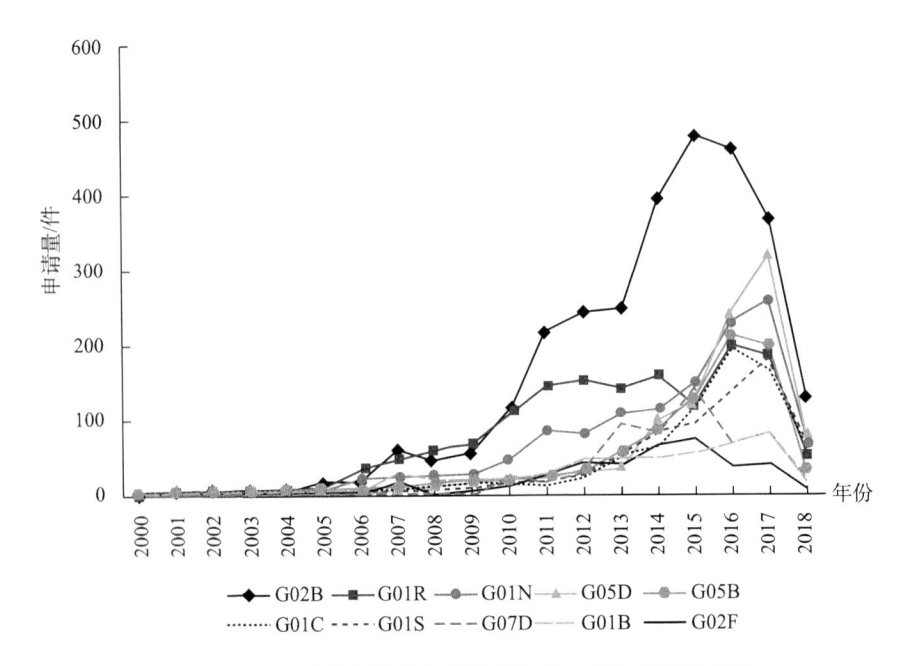

图 3-47 广东省仪器仪表制造业海外专利技术领域趋势

从图 3-47 中可以看出，G02B 技术领域近年发展迅速，年申请量最高时达 479 件，占当年该行业中全部申请量的 30%，这主要得益于当时 VR 眼镜及摄像镜头的技术发展。其他技术领域则总体保持着增加的趋势,大部分在2016年或2017年达到最高,这也说明总体上该行业未来海外专利布局仍存在一定空间。但对于G02F、G01B,其长期处在低申请量的阶段,预计未来短期内不会出现大幅增长。

表3-10是对图3-46和图3-47中的IPC分类所属技术领域进行的具体解释。

表3-10 广东省仪器仪表制造业海外专利技术领域分布

IPC分类	所属技术领域	专利数量/件
G02B	光学元件、系统或仪器	2874
G01R	测量电变量;测量磁变量	1490
G01N	借助于测定材料的化学或物理性质来测试或分析材料	1246
G05D	非电变量的控制或调节系统	1010
G05B	一般的控制或调节系统;这种系统的功能单元;用于这种系统或单元的监视或测试装置	829
G01C	测量距离、水准或者方位;勘测;导航;陀螺仪;摄影测量学或视频测量学	740
G01S	无线电定向;无线电导航;采用无线电波测距或测速;采用无线电波的反射或再辐射的定位或存在检测;采用其他波的类似装置	719
G07D	处理硬币或有价纸币,例如按其面额检验、兑换、计数、分发、交付或存款	560
G01B	长度、厚度或类似线性尺寸的计量;角度的计量;面积的计量;不规则的表面或轮廓的计量	484
G02F	用于控制光的强度、颜色、相位、偏振或方向的器件或装置,例如转换、选通、调制或解调,上述器件或装置的光学操作是通过改变器件或装置的介质的光学性质来修改的;用于上述操作的技术或工艺;变频;非线性光学;光学逻辑元件;光学模拟/数字转换器	364
G07F	投币式设备或类似设备	340

(5) 竞争力分析

a. 与全国同行业申请趋势对比。

统计分析全国和广东省仪器仪表制造业的海外专利年申请趋势，得出图3-48。

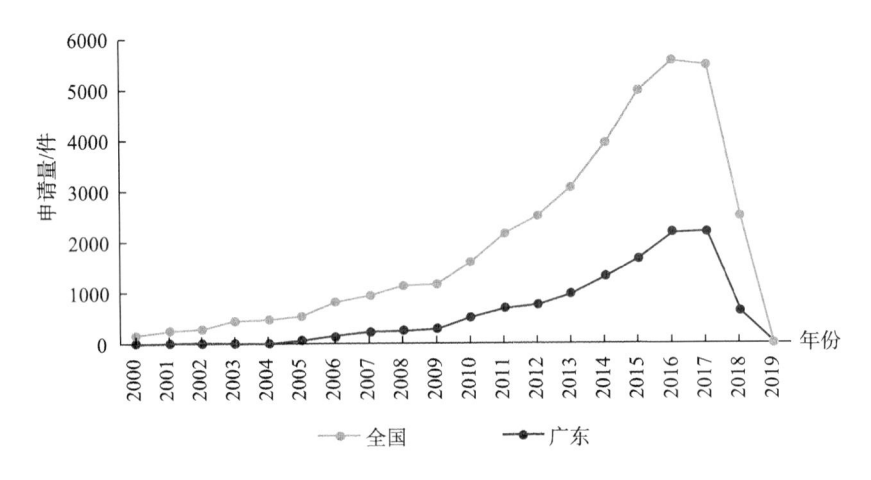

图3-48 全国和广东仪器仪表制造业海外专利年申请趋势对比

由图3-48可知，广东省仪表仪器制造行业海外专利布局数量贡献率近年平均数约为33%，最多的年份达40%，可见广东省该行业的影响力在全国范围内较大，在海外专利布局中贡献较大。随着年份推移，贡献率逐年增大，这也说明该行业中，广东省申请人在近20年的发展中技术实力越来越强大。

b. 与全国同行业技术生长率对比。

由图3-49可知，广东省在2008年技术生长率一直维持在较高水平，与全国同行对比，广东省企业技术生长率大多数时候高于全国，仅在2018年技术生长率低于全国，这很可能源于数据缺失。这也从侧面说明在海外布局方面，广东省企业一直走在其他省份的前列。抛开该行业数据特点，按照技术生长率本身定义来说，该行业技术海外扩张一直在高速发展。同时在数据量具备一定规模且变化趋势稳定的2012—2016年，两类数据生长率维持在37%，再次印证了前文关于技术生长周期的结论。

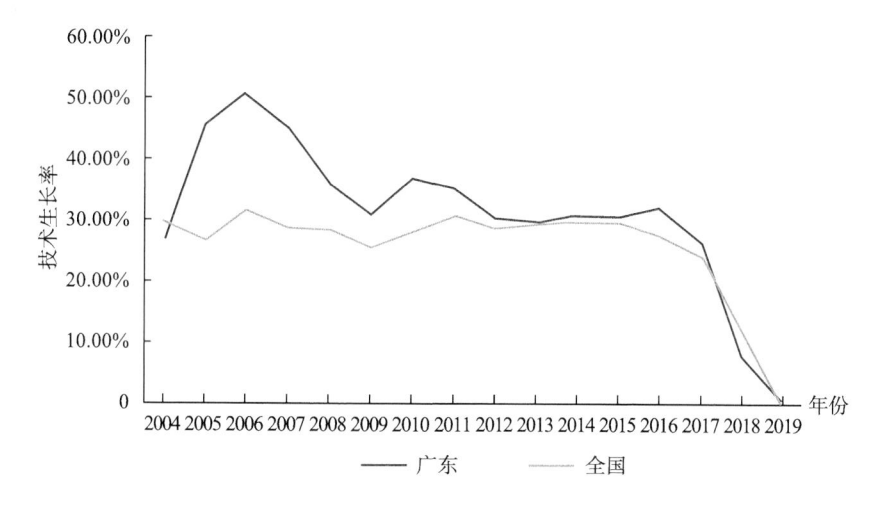

图 3-49 全国和广东仪器仪表制造业技术生长率对比

（6）主要专利申请人

对广东省的仪器仪表制造业海外专利主要申请人进行统计，选取专利数量排名前十的专利权人进行分析，得出图 3-50。

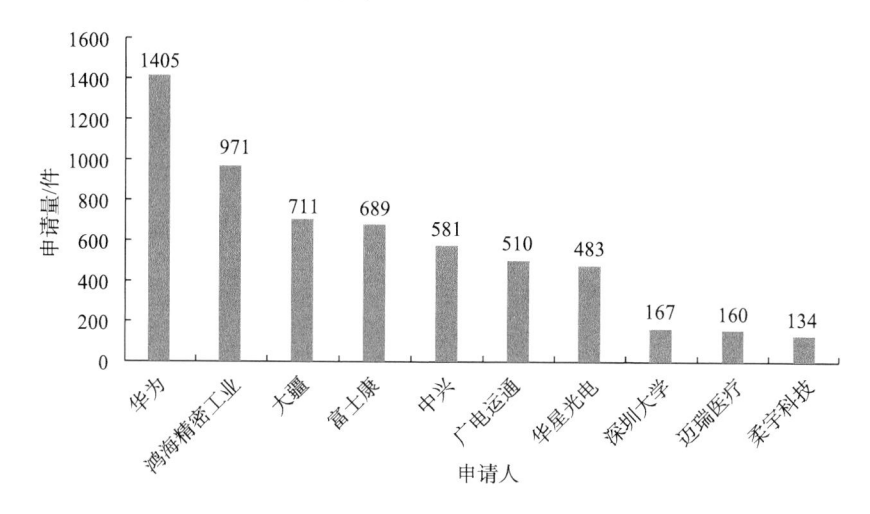

图 3-50 广东省仪器仪表制造业海外专利主要申请人申请排名

仅以申请量而言，华为在该行业中专利申请最多，占该行业所有专利数量的 11%。尽管华为实际生产的产品较少处在仪器仪表行业，但其许多专利涉及的技术领域在该行业对应的 IPC 分类中。例如 G01R 31/08、G02B 6/42 小组（华为在上述技术小组中，海外布局数都是 121 件，在数据样本中最多），G01R 31/08 对应的技术为电性能的测试装置、电故障的探测装置、以所进行的测试在其他位置未提供为特征的电测试装置，这些装置用以探测电缆、传输线或网络中的故障；G02B 6/42 对应的技术为光学元件、系统或仪器中光波导与光电元件的耦合。以前者为例，华为虽然主要产品不在本行业，但其重要产品如光缆、摄像头的配套技术在该行业。以前者为例，华为在提供网络基础设施建设服务过程中及设施建成后，需要对电缆、传输线进行故障检测与排除，该技术领域的专利应归类于 G02BR 31/08 小类。比如柔宇科技，其明星产品柔性屏幕虽不属仪表仪器，但产品背后的光学处理技术涉及该行业，因此可以解释该行业中会出现一些主要产品不是典型仪器、仪表的公司。

5. 通用设备制造业

（1）行业简介

通用设备制造业是指对制造资源如物料、资金、技术、信息和人力等，按照市场要求，通过制造过程转化为可供一个行业以上使用的通用设备的产业。通用设备制造也具有产业关联度高、产品链条长、带动能力强和技术含量高等特点，是一个国家和地区的工业化水平与经济科技总体实力的标志，是关系国家和民族长远利益的基础性和战略性产业；制造业直接体现了一个国家的生产力水平，是区别发展中国家和发达国家的重要因素，制造业在世界发达国家的国民经济中占有重要份额。

广东省通用设备制造业依托重点企业、重点地区和重点产品，以较强国际竞争力的大型企业集团为龙头，大中小企业分工协作，以广州、深圳和佛山为重点地区，珠三角优先发展，带动东西两翼和山区，形成了优势互补、协调发展的现状；通用设备制造业的合理结构和优势发展支撑、主导了广东省的产业结构优化升级，使广东省成为我国重要的通用设备制造基地。

（2）专利年度申请趋势

由图 3-51 可知，通用设备制造业专利申请整体呈上升态势。

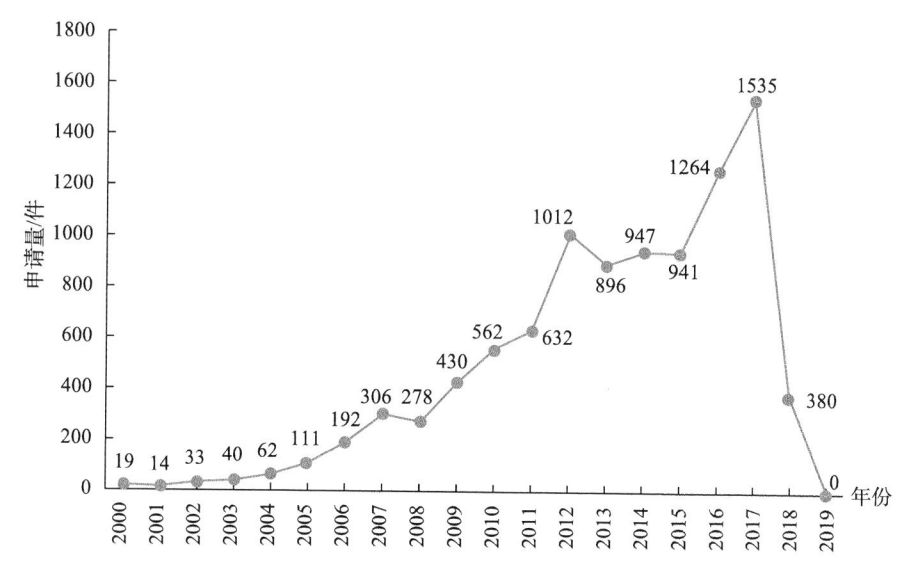

图 3-51 广东省通用设备制造业海外专利年申请趋势

广东省通用设备制造业的海外专利年申请趋势可以划分为以下四个阶段。

萌芽期（2000—2008 年）：在该时期，广东省申请人通用设备制造业的海外专利年申请量呈现出缓慢增长的趋势，年增长率不高。2000—2004 年专利数量始终不超百件，2005—2008 年增长速度略有提高，申请总量也有所增加，每年的专利申请量为 100～300 件。2008 年受全球金融危机影响，各行各业均受到了波及，通用设备制造业也不能幸免，这一年专利申请趋势出现了明显的下降。

成长期（2009—2012 年）：在这一时期，知识产权日益成为申请人关注的焦点，海外专利申请的增长速度较前一时期有所加快。这一时期，申请人开始关注自主创新，并开始注重保护知识产权，市场经济也发展得更为迅速和成熟，同时广东省也加大扶持省内制造业的发展。2012 年，"十二五"规划对高端装备制造业的扶持大力推动了通用设备制造业的发展，同时这一时期，中小企业表现较好，市场需求持续增加，因此专利申请较 2011 年出现了明显的增加。

成熟期（2013—2015 年）：这一时期随着新技术的稳定和市场的认同度，

市场趋于饱和，且新的技术较少。同时在"十二五"规划下开始着手调整产业结构，整个行业呈现出低端制造过剩和高端制造产能不足的状态。在这个阶段原有的低端制造的技术已经饱和，高端制造业的新技术正在研发之中，因此专利申请趋势呈现低迷状态。

再发展期（2016年至今）：这一时期，原本已经成熟的行业内出现了新的技术发展方向，专利申请量迅速提升，2017年后由于海外专利数据收录或公开并不完整，所以并不能看出实际的申请量，但根据现有数据可以预测，该阶段海外专利申请量仍将保持较高的年申请量。随着传统制造业的式微，广东省开始布局智能制造，智能制造是知识产权密集型的发展方向，可能是推动行业再发展的重要原因。

（3）专利申请国家和地区分布

统计广东省通用设备制造业的海外专利申请地区分析海外专利的地域分布，选取海外专利申请量排名前11位的国家和地区进行分析，得出图3-52。

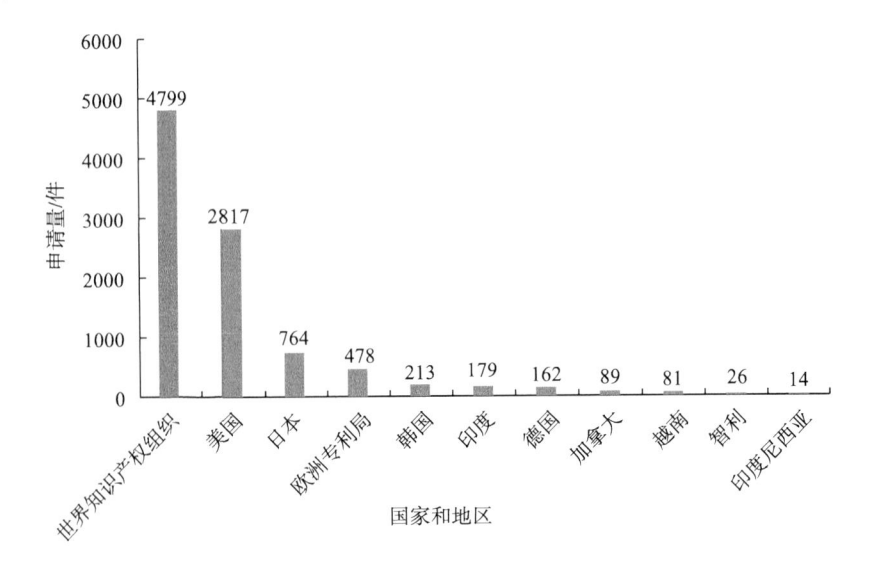

图3-52 广东省通用设备制造业海外专利地域分布

由图3-52可知，通用设备制造业在世界知识产权组织的专利数量最多，为4799件，这是因为通过PCT途径申请的专利数量较多，这和通过PCT申请必须进入国际阶段的规定有关系。

除此之外，专利申请主要分布在美国、日本、欧洲、韩国，分别为2817件、764件、478件和213件。可能是通用设备制造业的行业关联度高、产品链条长、带动能力强以及技术含量高，市场主要在经济发达的国家和地区。

印度和德国的专利数量分别为179件和162件。海外专利布局数量较多分布在印度，可能是由于印度作为南亚大陆面积最大的国家、世界第二人口大国，有广阔的市场基础。近年来印度的经济崛起，服务业增长迅速，已成为全球软件、金融等服务业的最重要出口国。海外专利布局数量较多分布在德国，可能是由于德国作为老牌工业强国，工业是德国经济发展的命脉，存在广阔的市场空间。

（4）技术构成分析

统计广东省通用设备制造业的海外专利IPC分类分布，选取海外专利申请量排名前11位的IPC分类进行，得出图3-53。

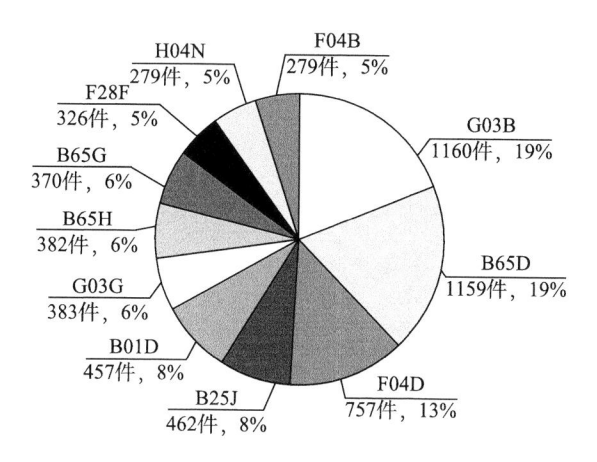

图3-53 广东省通用设备制造业海外专利布局IPC构成

由图3-53可知，排名前三的IPC分类对应的专利数量较多，G03B的申请量为1160件，B65D的申请量为1159件，F04D为757件，分别占到了近20年来海外专利排名前11位的技术领域专利总量的19%、19%和13%。

G03B技术领域涉及光电和摄影摄像，主要申请人是光峰光电、大疆和中兴。

B65D技术领域涉及包装和电子配件等，主要申请人是华星光电、鸿海精密工业和鸿富锦精密工业。

F04D技术领域的主要申请人是美的、鸿海精密工业格力。

对专利数量排名前11位的技术领域的专利按照申请时间进行统计，得出广东省海外专利技术构成申请趋势如图3-54所示。

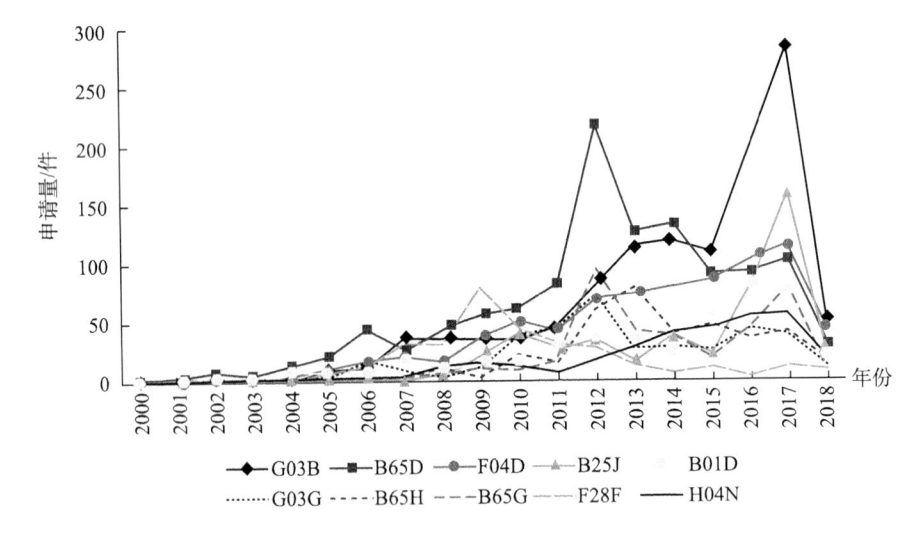

图3-54 广东省通用设备制造业海外专利技术构成发展趋势

根据图3-54可知，在通用设备制造业中各个子领域呈现出了不同的发展趋势。专利申请量最多的G03B领域涉及光电和摄影摄像，在2011年之前的专利申请量非常少；2012—2015年专利申请量开始增加，增长速度也有所加快；并且在2016年呈现出爆发式增长，这主要是因为G03B技术领域是智能制造的一个重要方向，布局智能制造是广东省近年来对制造业进行产业结构调整的举措之一，同时该领域的重要申请人大疆的崛起也是该领域在近年来迅速发展的原因之一。

表3-11是对图3-53、图3-54中的IPC分类所属技术领域进行的具体解释。

表 3-11　广东省通用设备制造业海外专利技术领域分布

IPC 分类	所属技术领域	专利数量/件
G03B	摄影、放映或观看用的装置或设备；利用了光波以外其他波的类似技术的装置或设备，以及有关的附件	1160
B65D	用于物件或物料贮存或运输的容器，如袋、桶、瓶子、箱盒、罐头、纸板箱、板条箱、圆桶、罐、槽、料仓、运输容器；所用的附件、封口或配件；包装元件；包装件	1159
F04D	非变容式泵	757
B25J	机械手；装有操纵装置的容器	462
B01D	分离	457
G03G	电记录术；电照相；磁记录	383
B65H	搬运薄的或细丝状材料，如薄板、条材、缆索	382
B65G	运输或贮存装置，例如装载或倾卸用输送机、车间输送机系统或气动管道输送机	370
F28F	通用热交换或传热设备的零部件	326
H04N	图像通信	297
F04B	液体变容式机械；泵	279

(5) 竞争力分析

a. 与全国同行业申请趋势对比。

统计全国和广东省通用设备制造业的海外专利年申请趋势，得出全国和广东省海外专利布局申请量趋势，如图 3-55 所示。

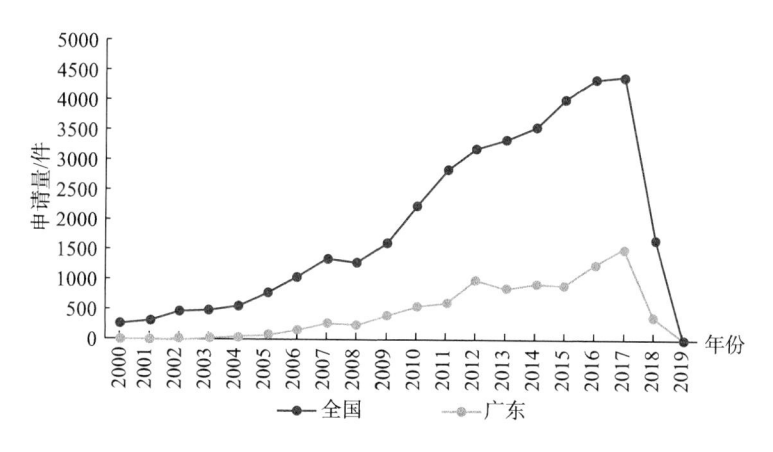

图 3-55　全国和广东通用设备制造业海外专利年申请趋势对比

由图 3-55 可知，广东省的专利申请趋势和全国同行业的申请趋势基本相同，从 2009 年开始在通用设备制造业的专利申请量稳步上升，并且在 2013 年之后迅猛发展。

虽然全国海外专利布局和广东省海外专利布局的专利申请趋势有相似之处，但是值得注意的是，广东省海外专利布局数量在全国海外专利布局数量中的占比在 2000 年为 6.8%，2004 年这一数据攀升到了 10.9%，此后这一数据逐渐增加，并逐渐稳定在 25%～30%。

b. 与全国同行业技术生长率对比。

从技术生长率看，如图 3-56 所示，广东省技术生长率普遍高于全国的技术生长率，尤其是在 2011 年之前，广东省的技术生长率均明显高于全国技术生长率，其中 2004—2007 年广东省技术生长率领先全国技术生长率 10 个百分点，此后广东省的技术生长率虽然仍旧高于全国技术生长率，但是优势逐渐减小，并且在 2011 年被全国技术生长率反超；2012—2016 年广东技术生长率和全国技术生长率不相上下。出现这种现象的原因可能是，广东省作为我国东部的经济强省，在早期经济发展领先优势明显，在海外布局方面，广东省企业一直走在其他省份的前列。随着经济的发展和通用设备制造业逐渐向

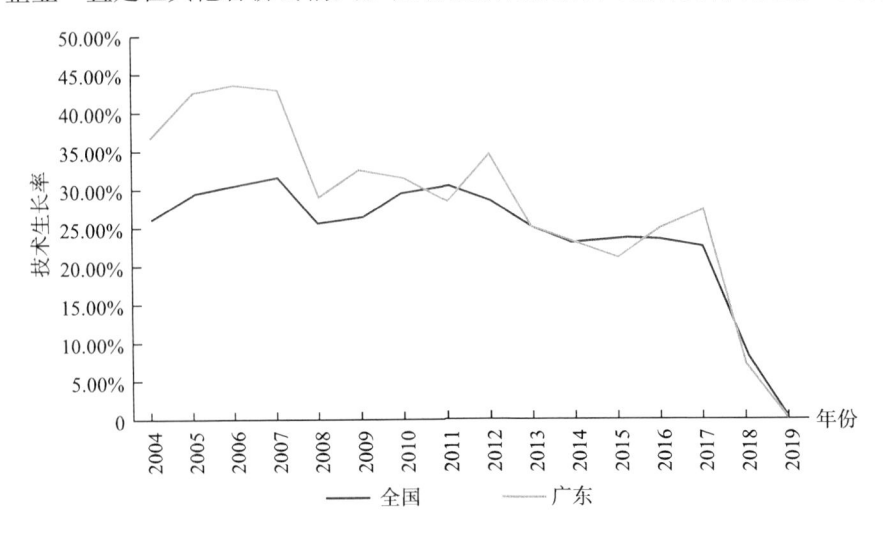

图 3-56 全国和广东通用设备制造业技术生长率对比

内陆转移的趋势，全国的通用设备制造业迈入了成熟的发展阶段，因此这一时期呈现出不相上下、相互赶超的趋势。

分析2004—2019年的技术生长率可以发现，2009—2012年广东省通用设备制造业的技术生长率的增长呈现非常不稳定的状态，2013—2015年呈现下滑状态，可能这一阶段没有新的技术出现，投入研发和研发的产出成果减少，2016年之后技术增长率又开始增加，原因可能是《广东省智能制造发展规划(2015—2025年)》开始在全省贯彻落实，在政策的鼓励下，通用设备制造业开始将工业化互联网作为新的发展方向，致力于信息化和工业化深度融合，技术增长率开始增加。

（6）主要专利申请人

对广东省通用设备制造业的海外专利的申请人进行统计，选取专利申请量排名前十的申请人进行分析，如图3-57所示。

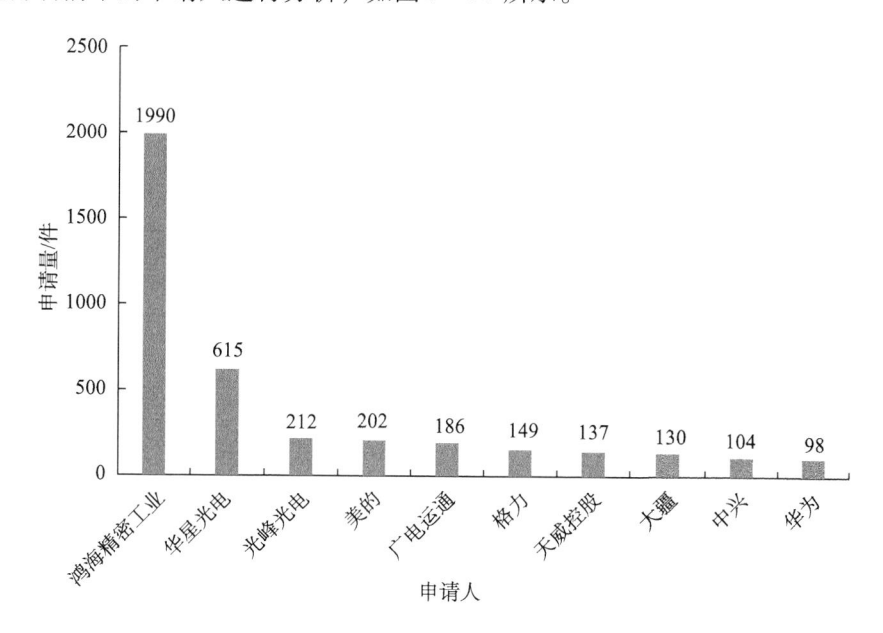

图3-57 广东省通用设备制造业专利海外布局主要申请人申请排名

由图3-57可知，海外专利数量排名第一的是鸿海精密工业，其海外专利申请共1990件。鸿海精密工业是全球3C代工领域规模最大、成长最快、评价最高的国际集团，旗下包括富士康科技集团和鸿海精密工业等专业研发生产电脑机壳及准系统、电脑系统组装、无线通信关键零部件及组装、光通信元件、消费性电子、液晶显示设备、半导体设备等产品的高新科技企业。由于旗下投资的企业众多，因此合并统计之后其专利申请数量最多。

海外专利数量排名第二的是华星光电，华星光电的海外专利申请为615件。华星光电是2009年11月16日成立的国家级高新技术企业，主营面板行业，在显示面板研发、制造上投入了较大的人力、物力、财力。华星光电成立以来，依靠自组团队、自主建设、自主创新，经营持续向好，经营效率处于同行业领先水平，形成了在全球平板显示领域的竞争优势。拥有雄厚的技术研发实力和广阔的海外市场前景，华星光电非常注重海外专利布局，因此海外专利布局数量也较为可观。

海外专利数量排名第三的是光峰光电，海外专利申请量为212件。光峰光电是主营高端半导体照明、显示光源、固态光源的高新技术企业。2007年光峰光电在领光全球发明了ALPD激光显示技术。在激光显示领域，占据了全球激光显示技术的制高点。该技术被国际同业视为下一代激光显示的发展方向，并在全球范围率先实现技术的产业化，光峰光电不仅是技术的研发者，还是产品的生产者，并且和德国企业密切合作，产品遍布全球，非常重视专利的海外布局。

四、结　　语

作为《广东涉外知识产权年度报告》的一部分，本章选取广东省近20年以来海外专利数据作为研究样本，通过对研究对象的申请趋势、申请类型、法律状态、专利技术构成、专利权利要求数量、专利地域分布和技术生长率进行分析，得出近20年来广东省海外专利布局的总体态势；并且，根据国家知识产权局编制的《国际专利分类与国民经济行业分类参照关系表（2018）》，笔者对广东省涉外专利进行了行业划分，对其排名前五的重点行业中的专利数据进行检索和分析，了解广东省涉外布局中的支柱行业发展情况。

笔者经过检索统计和分析，能够反映如下内容：

第一，广东省海外专利申请量总体呈现上升趋势，值得注意的是，在2008年之后，海外专利申请的增长率明显，这与2007年广东省人民政府发布《广东省知识产权战略纲要（2007—2020）》密不可分；而在这些海外申请当中，发明专利申请占比为94.2%，这说明广东省的企业在进行海外专利布局时稳中有进，不仅在数量上有突破，在质量上也迈上了新台阶。

第二，在专利布局的地域选择上，除了美国、欧洲等传统热门的海外市场，广东省企业在印度也进行了大量的专利布局，且申请量有稳步上升的态势。近些年来，印度经济发展引人注目，尤其是软件、金融等行业，由此产生了巨大的市场，而广东省在互联网行业颇有建树，行业内的更多申请人愿意在印度这个巨大的市场中布局。但在南美、中亚和东南亚国家申请的专利较少，而这些地区是国家"一带一路"倡议的重要区域，广东省的申请人可以考虑未来在这些地区进行布局。

第三，广东省企业在电子信息领域进行了大量的海外专利布局，这一结论可从对整体样本的技术构成进行的分析，以及行业分类中电信、广播电视和卫星传输服务业申请量排名首位，计算机、通信和其他电子设备制造业申请量排名次位的统计中得出。21世纪是信息化时代，信息产业成为世界经济新的增长点，广东省的电子信息产业规模位居中国大陆第一，以深圳、广州、东莞、惠州、佛山和中山市为主体，形成了著名的电子信息产业走廊。在电信、广播电视和卫星传输服务业，广东省与全国的发展趋势基本保持一致，在2005年布局起步，在2012年申请量同时激增，在2015年申请量同时下降，而2016年持续回升，可以说广东省在引领着全国电信、广播电视和卫星传输服务业的发展。但在计算机、通信和其他电子设备制造业，全国海外专利申请增长的速度明显高于广东省，广东省对外专利布局增速趋于平缓。

从各项数据上看，广东省各企业已经认识到知识产权海外布局的重要性，也懂得利用自己的特有优势进行海外专利申请。同时，广东省企业海外布局明显受到政策扶植因素的影响,故而我们应当结合政府在实践和操作过程中重要的引导作用,以及各大企业的技术优势,共同做好向海外进行知识产权布局的工作。